Werkstatt Luft und Wind

AT Verlag, Aarau, Schweiz
Gestaltung: Renata Minoretti Meier
Satz, Lithos und Druck: Grafische Betriebe
Aargauer Tagblatt AG, Aarau
Bindearbeiten: Buchbinderei Schumacher AG,
Schmitten
Printed in Switzerland

ISBN 3-85502-559-2

Ursula Müller-Hiestand

Werkstatt Luft und Wind

Mit Kindern werken, gestalten und erleben

Fotografien von Evelyn und Jean-Pierre König
und Zeichnungen von Bruno Müller-Hiestand

AT Verlag

Inhalt

Luftobjekte

Flugobjekte

Gedanken zum Buch

Vom ersten Atemzug an sind wir ein Erdenleben lang mit dem Element der Luft verbunden. Unsichtbar und doch in steter Bewegung umgibt sie uns: sanft streicht sie über unsere Haut, trocknet nasse Hände, vermittelt unserer Nase alle möglichen Düfte, bläst heftig in Haare und Kleider, wärmt, erfrischt, hängt schwer wie eine Glocke über der heissen Sommerstadt; sie lässt Kornfelder rauschend wogen, Blätter und Halme sich leise säuselnd wiegen. Ihre Winde schlagen Türen zu, entwurzeln Bäume, peitschen Wasser zu Wellen; Orkane und Wirbelstürme zeugen von einer beängstigenden Kraft. In grosser Höhe tragen Winde Wüstensand über Kontinente, Luftströme wehen Samen über Felder und Wiesen …

Sich auf das schwer fassbare Element einzulassen, mit den Lüften zu spielen, ihre Kräfte zu erforschen und kennenzulernen, ist Thema dieses Buches. In der «Werkstatt Luft und Wind» machen wir den Versuch, der Luft, den Winden nachzuspüren, ihre Eigenheiten zu beobachten und beim Werken und Gestalten entsprechend einzusetzen. Manche Versuche gelingen nicht auf Anhieb, Erfahrung hilft, beim zweiten oder dritten Anlauf den Zielvorstellungen näher zu kommen.
An diesem Punkt danke ich besonders meinem Lebenspartner Bruno Müller-Hiestand für seine nützlichen Ratschläge. Dank seiner aktiven Mithilfe und Ausdauer bei der Realisierung einiger der Objekte, ist das Buch rechtzeitig fertig geworden. Fredi

Buchmann sei gedankt für das Wiederauflebenlassen der geschnitzten Maienpfeifchen und Thomas Bertschi grüsse ich herzlich mit meiner gemalten Regenbogenfahne Umbul umbul, die er als Initiant der Propagierung dieser Fahne gerne weltweit auf unserem Planeten verbreitet sähe.

Von Hand und mit wenig Werkzeug entstehen Flugobjekte, die zum Himmel steigen, fliegen, schweben, flattern, andere drehen sich, surren, pfeifen, klingen, lärmen in Bodennähe. Die für dieses Buch getroffene Auswahl der Luft- und Windobjekte, der Luftinstrumente und Luftspuren kann nie vollständig sein. Interessierte kann ich hoffentlich neugierig machen, die Beispiele auszuprobieren, zu testen, mit eigenen Ideen weiterzuentwickeln.

Einen langen Atem für luft- und windreiche Erfahrungen wünscht allen Eltern, Grosseltern, Lehrern und Lehrerinnen und allen spielerischen Menschen

Ursula Müller-Hiestand

Übrigens: Alle Masse in den Zeichnungen sind in Millimetern angegeben.

Wolkenmobile

Dieses Mobile reagiert auf die leichtesten Luftströmungen. In einem Raum aufgehängt, genügt eine kleine Handbewegung, etwas Wärme vom nahen Heizkörper oder wenig Durchzug, und die zarte Wolkeninstallation beginnt lautlos schwebend zu tanzen.

Getreide-Strohhalme in verschiedenen Längen
Flocken unversponnener Wolle
Faden
Klebstreifen

Nähnadel

So wird's gemacht:
Strohhalme zuschneiden, die Wollflocken zu kleinen und grossen Wolken zupfen. Jede Wolke an einen Faden nähen.
Die Aufhängeschlaufe am obersten Balken festknüpfen und für die Montage des Mobiles (mit Klebstreifen) z. B. an eine Deckenlampe kleben.
Freihängend kannst du nun Balken und Wolkenformationen untereinander anordnen und miteinander verbinden. Achte auf das Gleichgewicht! Verknüpfe alle Fadenenden und fixiere sie zusätzlich mit einem Weissleimtupfer.

Wimpelmobile

An diesem Mobile hängen Seidenpapierwimpel. Die Wimpel sind aus einer doppelten Papierlage geschnitten und mit wenig Weissleim verklebt. Die Schwebebalken sind aus einem 1-mm-Draht gefertigt.

Seidenpapier in verschiedenen Farben
Reste farbiger Alufolie (von Pralinen usw.)
1-mm- und 0,37-mm-Draht
Weissleim

Drahtschere
Papierschere
feine Flachzange

So wird's gemacht:
Die Wimpel aus einer doppelten Papierlage oder aus Alufolie zuschneiden.
Für die Aufhängevorrichtung der einzelnen Papierwimpel von Hand aus dem feineren Draht jeweils ein gleichschenkliges Dreieck biegen.
Die Dreieckbasis in die Wimpelbruchkante kleben und die Drahtenden der beiden Dreieckschenkel zu einem kleinen Hals drehen.
Aus dem stärkeren Draht die Balken zuschneiden und die Wimpel am Drahthals mit zwei, drei Umdrehungen jeweils am Balken festdrehen.
Für die Anordnung der Wimpel gehst du wie beim Wolkenmobile vor.

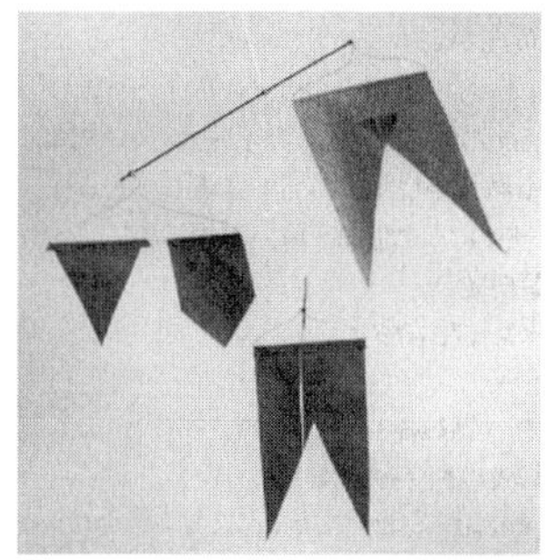

Unruhen

Warme Luft steigt. Dieses Phänomen wird sichtbar über einem Heizkörper oder über einer Rechaudkerze. Bei einer offenen Flamme heisst es aufgepasst! Leichte Materialien fangen schnell Feuer, wenn man nicht den nötigen Abstand hält: ab 40 cm kannst du's probieren. Die Unruhe – die Bezeichnung sagt es schon – beginnt zu zittern, zu flattern oder sich langsam zu bewegen.
Leichte Materialien wie Federchen, Schokoladepapierfolie oder Seidenpapierschnitzel eignen sich gut für diese ultraleichten Objekte.

Seidenpapier in verschiedenen Farben
Reste von Metallfolie
Federchen, kleine Glasperlen, Glöckchen usw.
0,37-mm-Draht

Drahtschere
feine Flachzange

So wird's gemacht:
Reste von Metallfolie zuschneiden und zusammen mit Federn, Glöckchen und anderem dekorativem Material an einem Stück Draht befestigen.
Für die Wimpelunruhe die Wimpel aus einer doppelten Lage Seidenpapier zuschneiden. In der Wimpelbruchkante an ein Stück Draht kleben. Wenn du zusätzlich einige Fähnchen im Kreis anordnest und die Aufhängevorrichtung wie bei einem Rad an einer Nabe befestigst, beginnt sich das Objekt zu drehen.

Insekten

Diese leichten Wesen gehören zur Luft wie die Wolken. Suche dafür getrocknete Naturmaterialien wie Rosenblätter, Gras- oder Getreiderispen, Mohnkapseln, Federchen, Schalen von Früchten usw.

So wird's gemacht:
Eine Mohnkapsel mit einem Stück Stiel daran, durch die trockene Schale einer Lychee gesteckt und mit wenig Weissleim festgeklebt, bildet den Insektenkopf und das Schwanzende zugleich. Nun klebe noch zwei Federchen als Flügel ein. Das exotische Insekt wird mit wenig Drahtumwindungen an dem aus vier Grannen gebildeten Kreuz befestigt.

Für den «Schlappflügler» vorne umwinde in dichtem Abstand die Stengel von vier Grannen und einer Mohnkapsel bis zum Schwanzende mit Draht. In einem zweiten Durchgang wickle zwei frische Blätter als Flügel darüber. Die Drahtfühler stecken festgeklebt in der Mohnkapsel.

Getreidehalme, Gräser,
Fruchtstände,
Federchen, Blätter,
Schalen von Früchten
Weissleim
0,37-mm-Draht

Drahtschere
Ahle
feine Flachzange

Libelle

Diese zauberhafte Gauklerin entstand aus eingekleisterter Verbandstoff- oder Traubengaze, die über ein Drahtgerüst gespannt wurde. Um den Schwerpunkt zu bestimmen, setzt du die fertige Libelle auf eine Stricknadelspitze. So kannst du das Gleichgewicht am besten ausloten. Hast du den Punkt gefunden, befestigst du dort einen starken Nähfaden als Aufhängeschlaufe.

So wird's gemacht:
Forme mit dem Draht Körper und Fühler und ebenso die Flügel in der gewünschten Grösse und Form. Bei den Flügeln die Drahtenden so weit vorstehen lassen, dass sie mit 3 bis 4 Umwindungen am Körper befestigt werden können.
Die Kleistermischung zubereiten:
5 Teile Wasser, 1 Teil Weizenkleister, 1 Teil Weissleim. Den Kleister in das kalte Wasser einrühren und den Weissleim daruntermischen.
Grosszugig in doppelter Stofflage zugeschnittene Gazestücke in die Kleister-Weissleim-Mischung tauchen, abtropfen lassen und dann über die Drahtflügel spannen. Mit einem langen, schmalen eingekleisterten Gazestreifen Fühler und Körper umwickeln und dabei alle Verbindungsstellen von Flügel und Körper sauber überdecken. Ist die Libelle getrocknet, werden noch die Flügel bemalt.

Gartendraht
Kleister
Weissleim
Verbandstoffgaze oder Traubengaze
Leinenzwirn (Sternlifaden)
Acrylfarben
Stoffschere
Drahtschere
feine Flachzange
Stricknadel

Fächer

Das Hinundherbewegen einer Fläche erzeugt einen Luftstrom, der Kühlung bringt und zum Anfachen des Feuers diente.
In frühester Zeit benutzte man im Morgenland und im Fernen Osten Wedel als Fächer. Im 16. und 17. Jahrhundert kam der Fahnenfächer aus der Türkei nach Europa; in dieser Zeit war es auch üblich, mit einem Stiel versehene Rundfächer am Gürtel zu tragen. Der Faltfächer, wie wir ihn heute noch kennen, stammt aus China. Er kam unter Frankreichs Sonnenkönig in Europa gross in Mode.

Papier, möglichst knitterfrei, 180 g schwer, farbig oder zum Bemalen geeignet, Format 25 × 45 cm
3 Fichtenstäbe, 1 m lang, 5 × 2 mm
1 Schraube M3 × 30 mm, Rundkopf, mit Mutter
Weissleim

Bleistift
Radiergummi
Massstab
Schere oder Cutter
Schneideunterlage
Laubsäge
feines Schleifpapier
3,5-mm-Holzbohrer
Schraubenzieher

So wird's gemacht:
Für den Papierschirm zeichne einen halben Ring (180 Grad mit Zugabe von 2 mm auf der einen Seite) auf das Papier. Soll dein Schirm eine Dekoration erhalten, malst du diese bevor der Fächer weiterbearbeitet wird.
Markiere nun die Linien der Sektoren, die Bruchlinien und die Klebezonen. Schneide den Halbring aus und falte erst dann das Papier ziehharmonikaartig entsprechend der Markierung.
Für die 9 Holzspeichen bearbeite die Fichtenstäbe mit Säge und Schleifpapier, und bohre die Löcher gemäss Zeichnung. Verbinde sie dann mit der Schraube. Achte darauf, dass die Speichen beweglich sind (nicht zu fest zuschrauben)!

Schlussmontage: Bestreiche die erste Klebezone des Papierschirms mit Leim und verbinde den ersten Sektor mit der ersten Speiche. Wenn die Verbindung hält, kannst du mit dem nächsten Sektor fortfahren, bis zum fertigen Fächer.

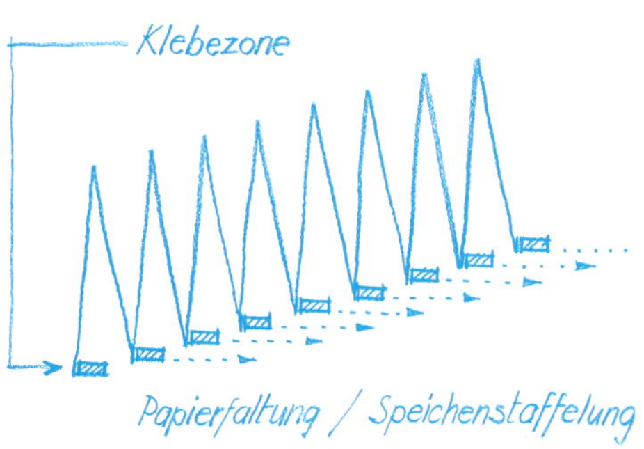

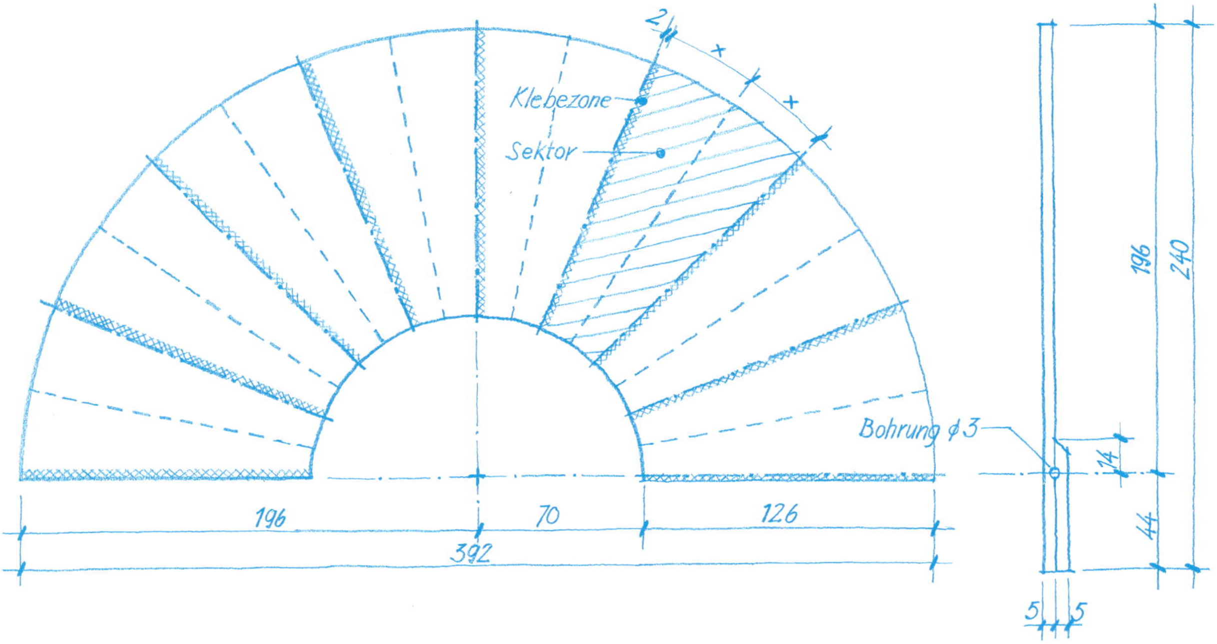
2
x
x
Klebezone
Sektor
Bohrung ϕ3
196
70
126
392
196
240
14
44
5
5

Bälle und Räder zum Blasen

Der Wind verfängt sich in den Zacken des Rads und treibt es fort. Der Luftball ist ein amüsantes Blasspielzeug: Die Mitspieler sitzen rund um den Tisch und blasen den Ball über die Tischfläche, dabei die Hände auf dem Rücken halten! Rollt der Ball über die Tischkante, scheidet der Mitspieler oder die Mitspielerin aus, die ihn mit Blasen nicht zurückdrängen konnte.

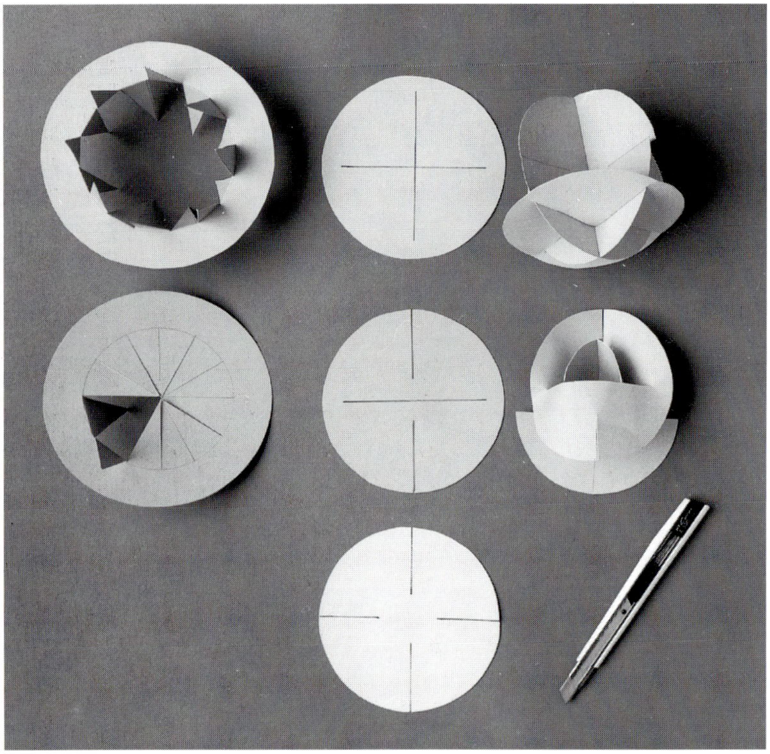

Papier, 180 g schwer, zweifarbig (z. B. Indicolor)

Japanmesser
Schere

So wird das Rad gemacht:
Aus dem Papier einen Kreis von etwa 16 cm Durchmesser ausschneiden. Einen 3 cm breiten Rand markieren und das Innere in 12 Segmente unterteilen.
Die Zacken vom Zentrum bis zum Rand einschneiden.
Biege nun die Zacken abwechselnd nach vorn und nach hinten.
Stellst du das Rad in den Luftstrom, verfängt sich der Wind in den Zacken und treibt es fort.

So wird der Ball gemacht:
Aus dem Papier 3 gleich grosse Kreise von etwa 12 cm Durchmesser ausschneiden. Die Kreise, wie auf dem Bild gezeigt, mit dem Cutter einschneiden. Der Abstand der Schnitte vom Zentrum und vom Kreisrand beträgt jeweils 1,5 cm.
Nun schiebst du den ersten Kreis in den zweiten, und den dritten Kreis stülpst du über die beiden anderen.

Indiaka

Der Indianer-Federball wird mit der Faust in die Luft geschlagen. Spieler und Spielerinnen versuchen, mit der Faust den Ball aufzufangen, um ihn sogleich per Faustschlag zurückzusenden …

Leder- und Stoffreste
breite Blätter
Sand, Kastanie o. ä.
Federn
starker Faden
Schnur oder Bast

So wird's gemacht:
Fülle ein quadratisches Stoff- oder Lederstück, ein Schilf- oder Bambusblatt als Gewicht mit Sand, einer Kastanie oder ähnlichem. Binde 3 bis 4 Vogel- oder Hühnerfedern mit einem starken Faden zusammen. Schiebe diese in den vorbereiteten Gewichtssack und schnüre diesen mit Schnur oder Bast zusammen.

Luftgefüllte Bälle

Die farbig gestreiften chinesischen Pergaminbälle bestehen aus acht aneinandergeklebten Segmenten. So kann der Ball flach zusammengefaltet und mitgetragen werden. Wenn du ihn sachte aus der flachen Form zupfst und durch das Luftloch aufbläst, entfaltet er sich zu einem runden Ball. Dieses luftige Objekt eignet sich für sanfte Jonglierspielereien.

Pergaminpapier
oder Drachenpapier
Weissleim

Schere

So wird's gemacht:
Übertrage das abgebildete ellipsenförmige Segment achtmal auf das Pergaminpapier (du kannst das Muster auch vergrössern oder verkleinern!). Die Rosette brauchst du einmal mit und einmal ohne Blasloch. Alles genau ausschneiden.
Klebe nun immer zwei Segmente an den Längsseiten zusammen: Verwende dabei wenig Leim und bestreiche die Kanten lückenlos etwa 3 mm breit. Ist die Klebung angetrocknet, füge die Teile wie zuvor zu zwei Vierergruppen zusammen. Trocknen lassen. Schliesse die beiden Teile nun zum Kreis zusammen.

Um die obere und untere Öffnung zu schliessen, musst du den Ball am Äquator falten, so dass die obere Ballhälfte auf der unteren liegt. Nun werden die beiden Rosetten eingeklebt. Ist der Ball vollständig getrocknet, ziehe ihn wieder in Längsrichtung. Falte ihn so, dass die Segmente jeweils aufeinanderliegen. So kannst du ihn unbeschadet in einer Tasche mittragen.

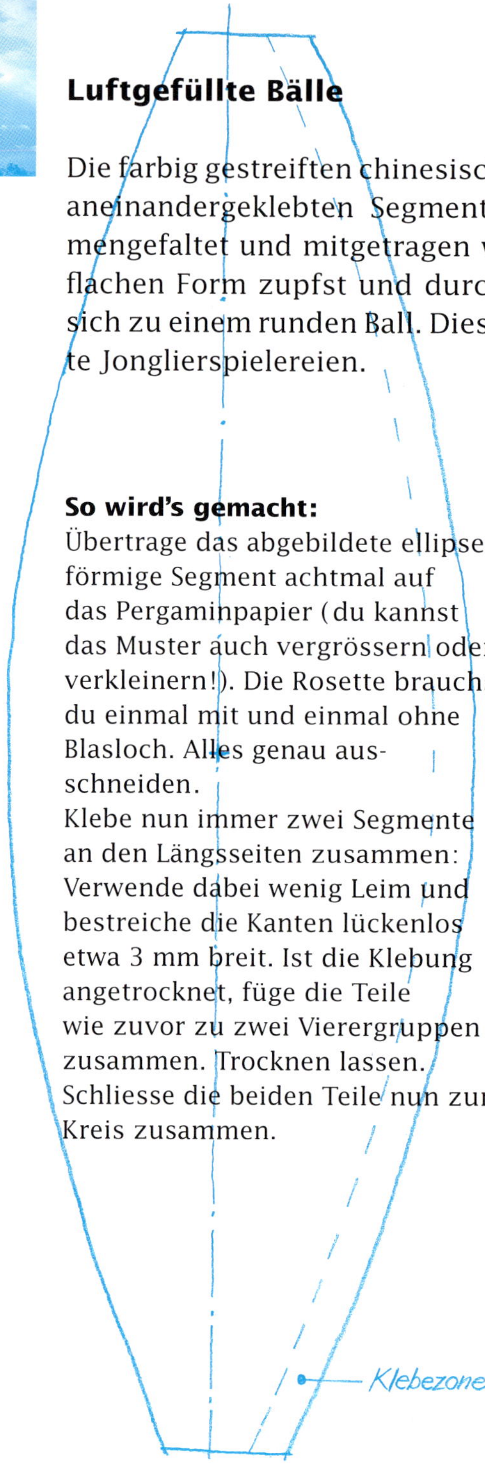

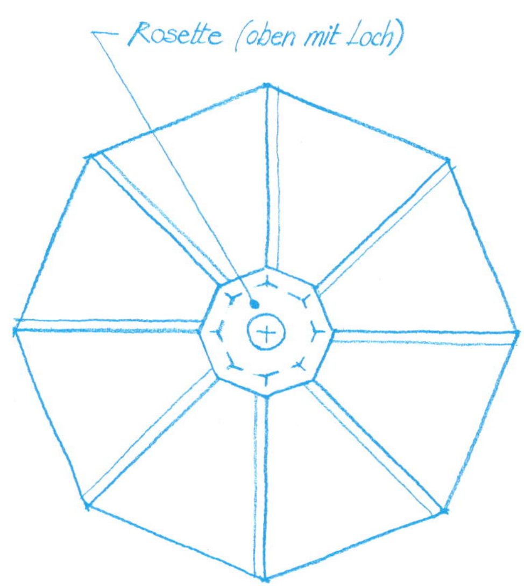

Federchenballon

Der Ballon mit den Federchen hat eine feste Aussenhaut. Eingekleisterter Gazestoff wird um einen aufgeblasenen Luftballon geklebt. Wurden genügend Schichten aufgetragen, ist der ungewöhnliche Ballon im getrockneten Zustand so stabil, dass man ihn in die Luft werfen und wieder auffangen kann, ohne dass er Schaden nimmt.

So wird's gemacht:
Blase den Luftballon auf und bestreiche ihn mit Vaseline. Klebe den Ballon mit Klebeband auf eine Büchse oder ein Glas als Halterung. So geht das Arbeiten besser. Giesse 5 Esslöffel Wasser in eine Schale und rühre 1 Esslöffel Kleister ein. Füge Weissleim zu, bis eine dickflüssige Masse entsteht. In diese tauche die zugeschnittenen Gazestücke. Abtropfen lassen und den Ballon in mehreren Schichten damit bis zum abgeknüpften Ballonende überziehen. Zuletzt werden noch die Federchen aufgeklebt. Trocknen lassen. Bemalen.
Nun darfst du mit der Scherenspitze die Öffnung aufstechen und kannst den geschrumpften Ballon herausziehen.

Trauben- oder Verbandstoffgaze
Federchen
Luftballon
Vaseline
Abdeckklebeband
Weissleim
Weizenkleister
Acrylfarben
Büchse oder Glas als Halterung
Kleisterpinsel
Schere

Propeller

Der Natur abgeschaut: Löwenzahn- und Ahornsamen segeln, sich lautlos um die eigene Achse drehend, zu Boden. Dies ahmt das Propellerspiel nach: Setze den Propeller auf den Rundstab und halte diesen zwischen den flachen Handflächen. Durch eine schnelle Drehbewegung des Stabs, indem du die Handflächen gegeneinander reibst, hebt der Propeller plötzlich ab und fliegt …

Balsaholz, 6 mm dick
Rundstab, 8 mm ⌀, 28 cm lang (Buchendübelholz)
Rundstab 3 mm ⌀, 3 cm lang
Weissleim
Acrylfarben
Acryllack

Bleistift
Radiergummi
Massstab
Cutter
Laubsäge
3,5-mm-Holzbohrer
Holzfeile
mittelfeines und feines Schleifpapier
Pinsel

So wird's gemacht:
Zeichne auf das Balsaholz ein Rechteck von 3 × 16 cm auf. Markiere die Längsachse, den Mittelpunkt und in der Mitte ein Quadrat von 3 × 3 cm. Das Zentrum des Quadrats liegt auf dem Mittelpunkt.
Schneide das Rechteck mit dem Cutter oder der Laubsäge aus. Bohre ein Loch von 5 mm ⌀ durch den Mittelpunkt. Feile nun auf der einen Seite in der Längsachse einen feinen Graben, etwa 3,5 mm breit, 30 mm lang und 3,5 mm tief. Der Graben liegt im Zentrum des Quadrats.
Feile die beiden Propellerhälften zu Schrägflächen. Damit die Rotationskraft zur Wirkung kommt, müssen die Schrägen gegenläufig bearbeitet werden. Die vorgefeilte Grobform wird anschliessend mit Schleifpapier feingeschliffen – Oberflächen und Kanten müssen windschlüpfrig werden.
Markiere auf dem 8-mm-Rundstab die Länge von 28 cm, auf dem 3-mm-Rundstab 3 cm Länge und säge die beiden Stücke ab. Bohre durch den Rundstab am äussersten Ende ein Loch von 3,5 mm ⌀. Bearbeite das Stabende mit der Feile zu einer konischen Form, das heisst: der 8-mm-Rundstab verjüngt sich auf 4–5 mm ⌀. Durch das vorgebohrte Loch leime den feinen 3 cm langen 3-mm-Stab. So hast du ein Kreuz erhalten. Kontrolliere, ob das Kreuz mit dem gebohrten Loch und dem Graben des Propellers übereinstimmt. Vielleicht musst du an beiden Teilen noch zusätzliche Anpassungen vornehmen.
Zuletzt werden Propeller und Stab bemalt und lackiert.

Übrigens: Der 8-mm-Rundstab kann auch ohne Kreuz in das Loch des Propellers eingeleimt werden.

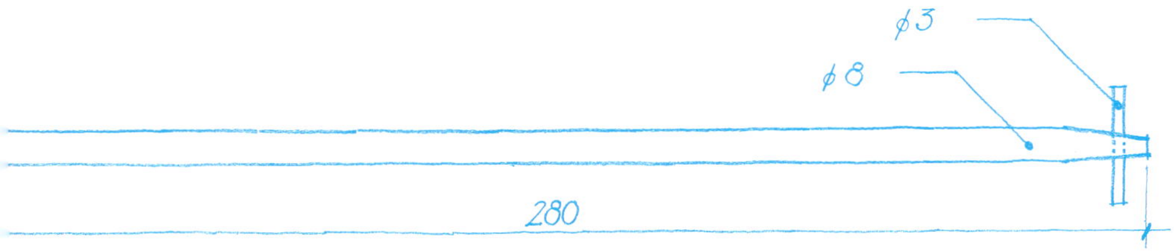

ϕ3
ϕ8
280

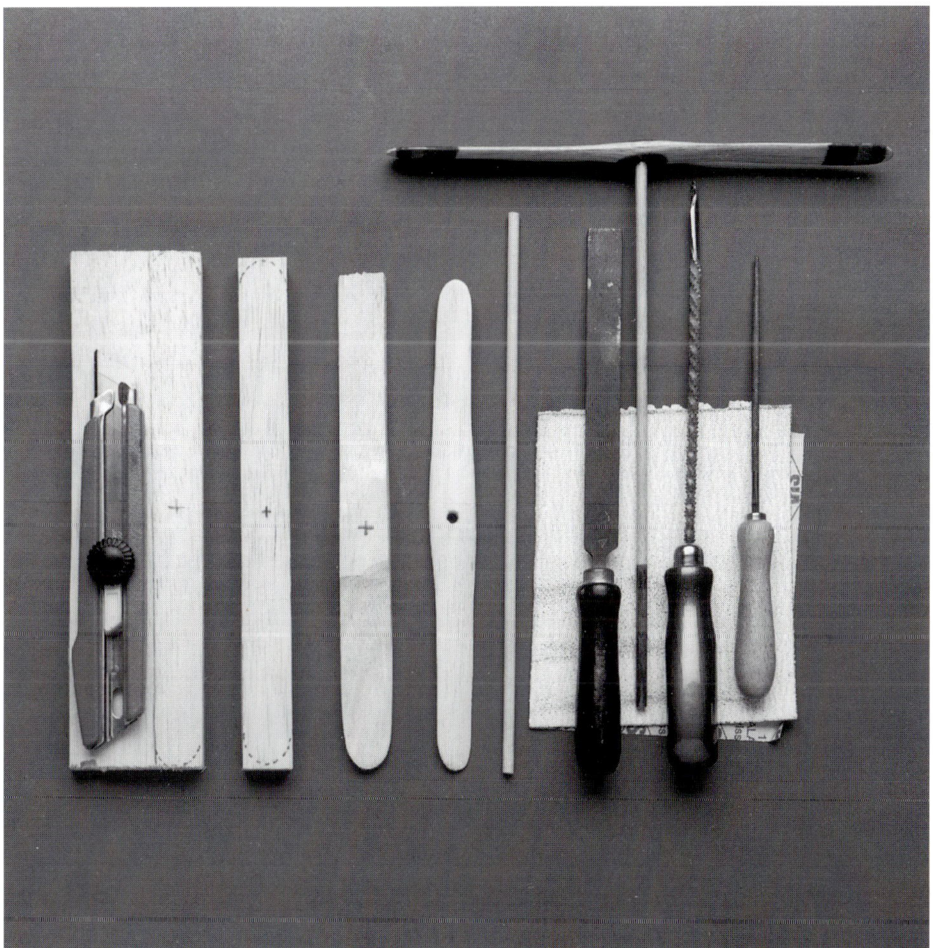

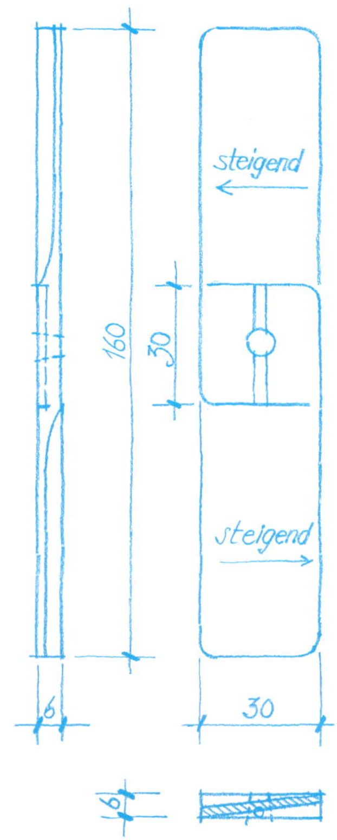

steigend
160
30
steigend
6
30
6

Flugpfeil

Die Luft trägt – dies zeigt sich augenfällig bei diesem einfach zu faltenden Flugpfeil. Wenn du ihn entsprechend trimmst, das heisst die hinteren kleinen Flügel biegst und aufstellst, zieht der Pfeil eine Rechts- oder Linkskurve. Ausprobieren!

Schreibpapier in A4-Format (Schulheft oder Block)

Falzbein oder Fingernagel

So wird's gemacht:
Falze in ein A4-Blatt in Längsrichtung eine Mittelbruchkante.
Lege zwei der Ecken zur Mitte und falze die neu entstandenen Ecken erneut zur Mittelbruchkante.
Wende die entstandene Grundform. Nun falze die beiden verbleibenden Längskanten zur Mittelbruchkante und sogleich wieder zurück. Biege dann an der Basis der Dreiecksform ein kleines rechtwinkliges Dreieck bis hin zu den neu entstandenen Längslinien.
Wende den Pfeil. Streiche die Haupt- und Seitenflügel nochmals glatt: Der Pfeil ist startbereit.

Papierflieger

An die Schulzeit erinnert der gefaltete Flieger. Wie ging das doch nochmal mit den Faltschritten?

Schreibpapier in A4-Format (Schulheft)

Falzbein oder Fingernagel

So wird's gemacht:
Falte das A4-Blatt zu einem Quadrat und trenne den überstehenden Streifen ab. Er wird zum Fliegerschwanz verarbeitet: Falte längs einen Mittelbruch, biege zwei der Ecken zur Bruchkante, und falze am gegenüberliegenden Schwanzende ein kleines rechtwinkliges Dreieck. Lege die Schwanznase nach innen zur Mittelbruchkante, und streiche das kleine Dreieck am Schwanzende flach.
Aus dem Quadrat entsteht das Fliegervorderteil: Falze in das Quadrat Diagonalbruchkanten und schiebe die entstandenen Dreiecksflächen ineinander.
Lege die spitzen Dreieckspitzen nach oben zur rechtwinkligen Dreieckspitze. Falze von der entstandenen quadratischen Form die Ecken links und rechts jeweils von unten und von oben zur Mitte.
Die gefalzten Teile lassen sich nun zu zwei Spitzen zurechtdrücken. Falte die obere Dreieckspitze nach hinten.

Schiebe den vorbereiteten Schwanz in das Fliegervorderteil. Bei exakt ausgeführter Faltarbeit zieht dein Papierflieger eine ausgeglichene Bahn.

Motorflieger

Mit einer einfachen Mechanik wird der leichte Balsaholz-Flieger angetrieben: Durch das Aufziehen des Propellers überdreht sich das dahinter gespannte Gummiband. Beim Loslassen entspannt sich das Band, der Flieger wird vorwärts gezogen, er fliegt.

Balsaholzplatte, 2 mm dick
Balsaholzleiste, 5 × 5 mm
Balsaholzleiste, 3 × 3 mm
Holzperle, 5 mm ⌀
Balsaholzplatte, 4 mm dick
1,5-mm-Draht
Gummiband
Weissleim
Epoxyd-Zweikomponentenkleber
Acrylfarben
farbiger Klebstreifen

Bleistift
Radiergummi
Massstab
Cutter
Schneideunterlage
Beisszange
spitze Flachzange
feine Holzfeile
Schleifpapier

So wird's gemacht:
Form und Dimensionen gemäss Zeichnung.
Schneide aus dem 2-mm-Balsaholz Tragflächen, Ruder und Seitenplatten zu.
Der Rumpf besteht zur Hauptsache aus den 5 × 5-mm-Leisten. An der Flugzeugnase und hinter den grossen Flügeltragflächen werden zwei Verbindungsplatten angebracht. Die Nase wird rundgeschliffen und eine Holzperle aufgeleimt; achte dabei darauf, dass das Loch in der Perle und der Kanal in der Nase des Fliegers nicht von Leimtropfen verschlossen werden.
Die durchlaufenden 3 × 3-mm-Flügelleisten halten die Flügel in V-Stellung. Montiere die Leisten aber erst, nachdem Flügel und Rumpf miteinander verbunden sind. Ist das Ruder aufgesetzt, so ist dein Flugzeug beinahe fertig.
Nun fehlt nur noch der Motor. Er besteht aus dem Propeller, der Propellerachse, dem Gummiband und der Verankerung des Gummibandes. Auf Seite 22 findest du die Anleitung für den Propeller. Der Flugzeugpropeller unterscheidet sich nur in der Grösse: er ist schlanker und kleiner. Aus einem Drahtstück wird die geradegezogene Propellerachse gebildet. Biege am Drahtende einen kleinen Ring. Stosse das Drahtstück von hinten durch die Nase des Flugzeugs, die Perle und zuletzt durch die Propellermitte. Das etwa 10 mm vorstehende Drahtstück kannst du nun rechtwinklig abbiegen und mit Zweikomponentenkleber an den Propeller kleben. Trocknen lassen! Nun dreht der Propeller die Propellerachse.
Hänge an den kleinen Drahtring das Gummiband, ziehe es durch den Rumpf bis zur Verankerung und hänge es an der kurzen 3 × 3-mm-Leiste hinter der Seitenplatte ein.

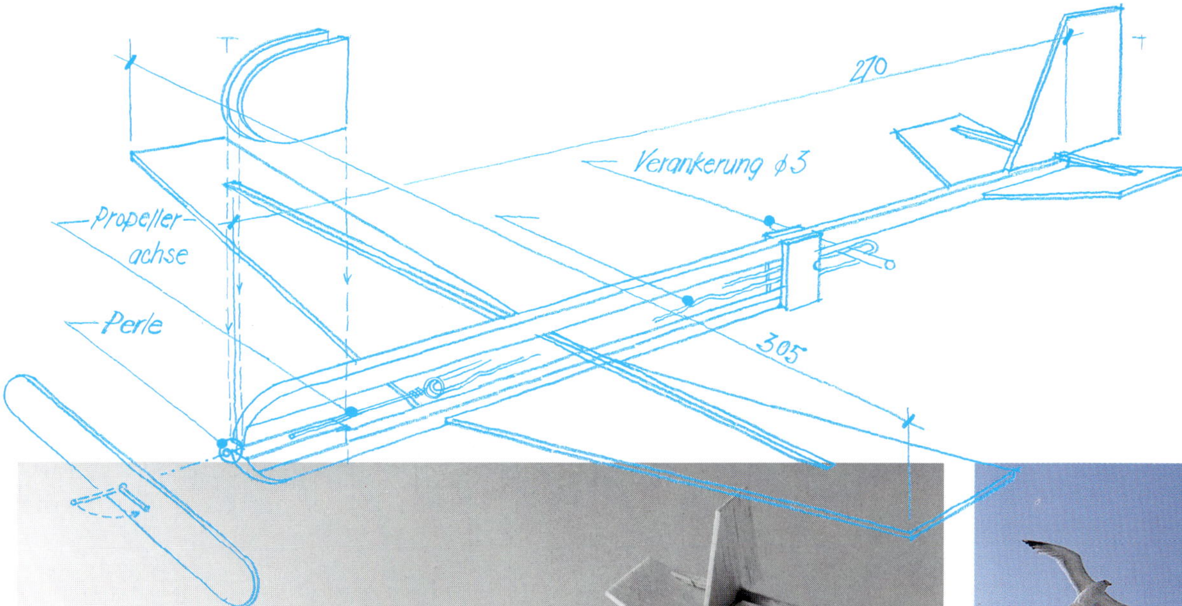

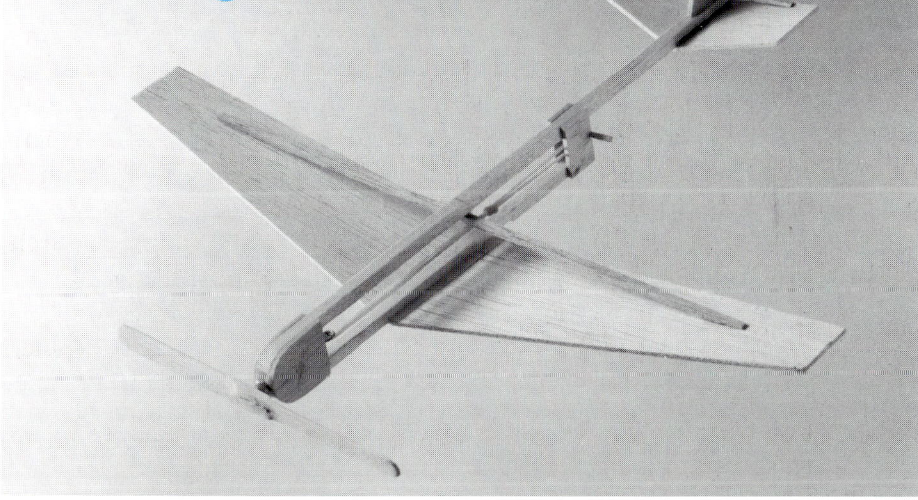

Eine besonders dynamische Wirkung erhält das Flugzeug, wenn du es bemalst oder mit farbigen Streifen beklebst.
Um den Motor in Gang zu setzen, drehe den Propeller solange, bis eine Gegenkraft spürbar wird.

Notabene: Der Bau dieses scheinbar einfachen Motorfliegers braucht Geduld und Geschicklichkeit. Bis der Flieger einen ruhigen Gleitflug hat, musst du die Form und die Position der Tragflächen und des Ruders gründlich austesten!

Heissluftballon

Das papierleichte dreidimensionale Flugobjekt wird mit der aufsteigenden warmen Luft zum Fliegen gebracht. Optimale Flugbedingungen schaffen eine kühle Aussentemperatur, kein Wind und eine gross gebaute dichte Ballonhülle mit einem leichten Ofen.

Für die Ballonhülle:
5 Bogen Seidenpapier, 50 × 70 cm, ca. 17 g/m²
(dichte Seidenpapiere verwenden – Sichtprobe im Gegenlicht –, evtl. leichte Dekorationspapiere)
evtl. durchsichtiges Cellophan (farbige Rollenware, 50 cm breit) für den Deckel
Weizenkleister (für Seidenpapier)
Weissleim (für Cellophan)

Für den Ofen:
Baumwollwatte
Brennsprit
Trinkhalme, ca. 22 cm lang
1-mm-Draht, 1 m lang (evtl. Schweissdraht)
feiner Blumendraht
starker Bindfaden (Leinenzwirn, Sternlifaden)

feiner Filzstift
Massstab oder Klappmeter
Schere
Beisszange
Flachzange

So wird's gemacht:
Formen und Masse gemäss Skizzen.

Ballonhülle:
Stelle gemäss Skizze eine Kartonschablone her und schneide damit aus 4 Seidenpapierbogen die 4 Ballonseiten zu. Falte zwei der Seitenteile entlang ihrer Längsachse und staple anschliessend alle vier Seitenteile übereinander. So wird das nachfolgende Verkleben der Längskanten zum Kinderspiel! Verwende, damit der Ballon möglichst leicht bleibt, nur wenig Leim. (Vorerst nur die Längskanten, nicht die unteren und oberen Kanten verleimen!)

Ballondeckel:
Schneide aus dem fünften Seidenpapierbogen oder aus Cellophan den quadratischen Deckel. Falte ihn zu einem vierlagigen, rechtwinkligen Dreieck. Schiebe das Dreieck mit der Spitze voran an die oberen Querränder der Seitenteile. Stosse es so weit hinein, bis die Längsränder des Deckels und die Querränder der Seitenteile übereinanderliegen. Nun kannst du kleben.

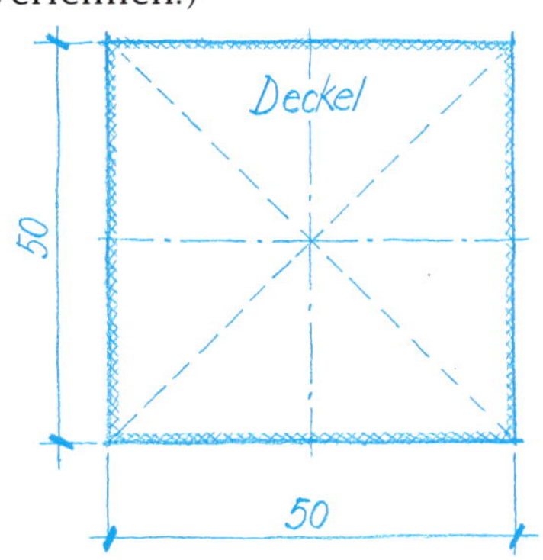

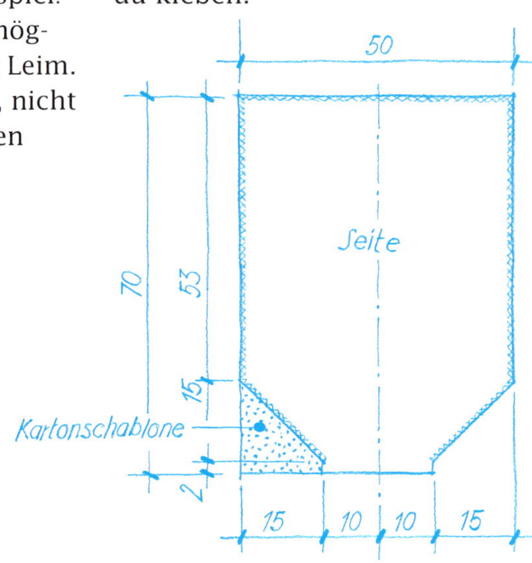

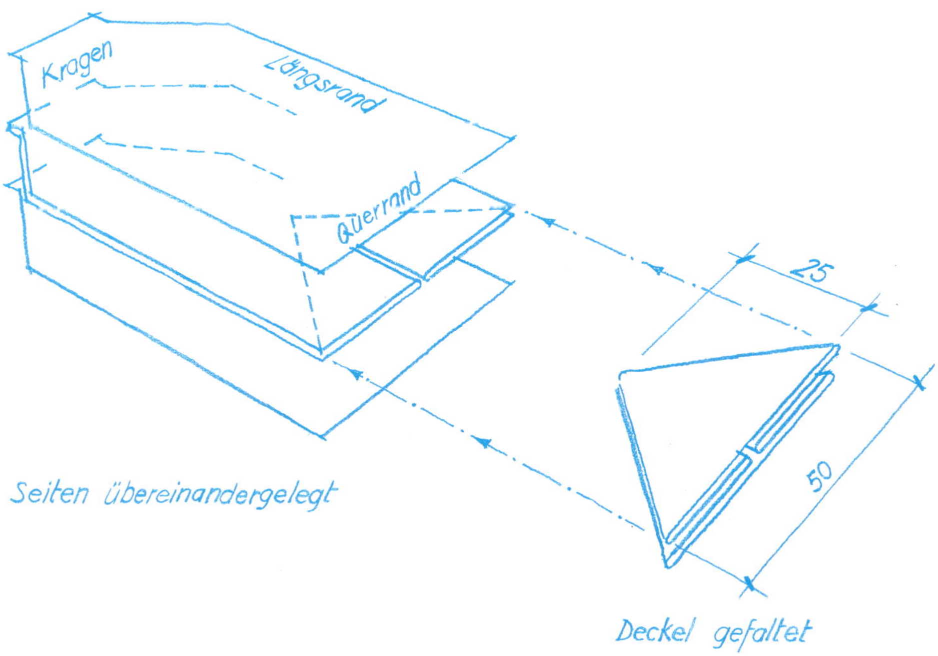
Kragen
Längsrand
Querrand
Seiten übereinandergelegt
25
50
Deckel gefaltet

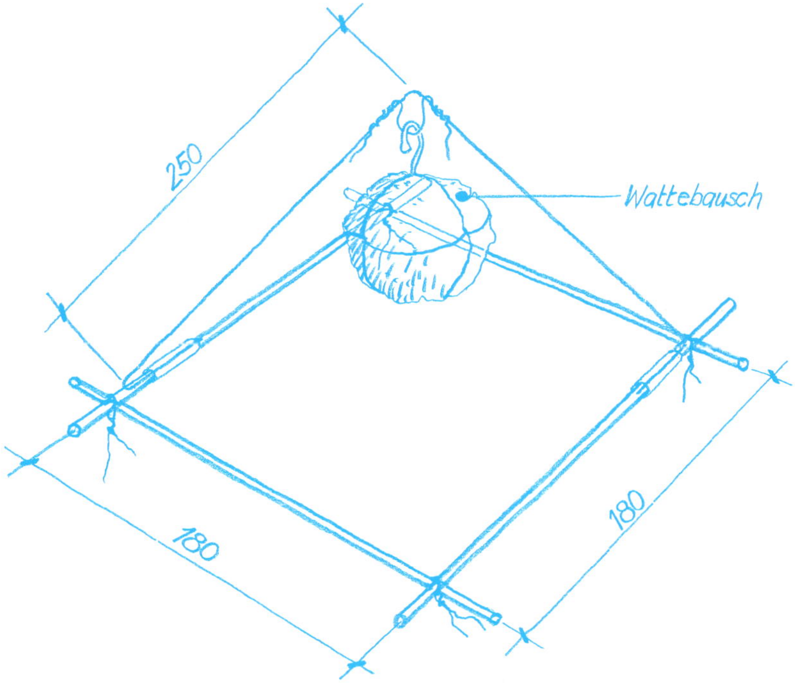

Ofengestell:
Bilde aus 4 Trinkhalmen einen quadratischen Rahmen von 18 × 18 cm. Binde die an den Ecken gekreuzten Halme mit Bindfaden zusammen. Sichere die Verbindung zusätzlich mit einem Leimtupfer.
Biege aus einem 50 cm langen Stück 1-mm-Draht einen Bügel, der sich über der Diagonale des Rahmens erhebt und mit kurzen Füsschen darauf abstützt. Befestige die Drahtfüsse mit Klebeband am Rahmen.

Zusammenbau:
Schiebe das Ofengestell mit dem Drahtbügel voran von unten in die Ballonhülle, bis der Rahmen etwa 2 cm innerhalb der Ballonhülle liegt. Bestreiche die 4 Seiten des Kragens mit Kleister und lege sie um die Halme des Ofengestells. So wird die Kragenöffnung ausgesteift.
Um zuviel Ballast zu vermeiden, dekoriere deinen Ballon nur sparsam. Vergiss nicht, eine Anhängeetikette mit deinem Namen und deiner Adresse zu befestigen!

Drachen im Miniaturformat

Nach einem einfachen Prinzip ist der Drachen im A4-Format gebaut. Mit einer maximal 120 cm langen Drachenleine fliegt er, ans Fahrrad gehängt oder beim Rollschuhfahren am Oberarm festgebunden, wie ein Schmetterling flatternd mit …

Festes Papier, A4-Format, etwa 180 g schwer (evtl. Indicolor)
1 Holzstab, 2 mm ⌀, 22 cm lang (Grillspiesschen)
Isolierband
Baumwollgarn oder dünne Schnur

Japanmesser
Schere

So wird's gemacht:
Falte das Blatt im Querformat genau in der Mitte. Am oberen Rand links und rechts der Bruchkante einen Abstand von 1 cm markieren, ebenso an der unteren Kante links und rechts vom Blattrand. Jeweils die unteren und die oberen Markierungen miteinander verbinden. Falte dann das Papier entlang den Markierungen zur Zeltform nach hinten. 9 cm von der oberen Kante entfernt 1 cm links und rechts vom Bruch die Löcher für die Drachenschnur stechen. Zeichne von diesen Löchern eine Hilfslinie links und rechts zu den Blattecken. Schneide mit dem Japanmesser auf der Hilfslinie beidseitig der markierten Bruchkante einen kleinen Schnitt für den Holzstab. Schneide zusätzlich im Abstand von 3,5 cm und 5,5 cm von den Ecken entfernt auf der vorgezeichneten Hilfslinie jeweils 2 etwa 2 cm breite Schlitze.

Jetzt kannst du den Holzstab durch die vier Schlitze ziehen. Klebe zur Verstärkung ein Band über die schmalen Schlitze.

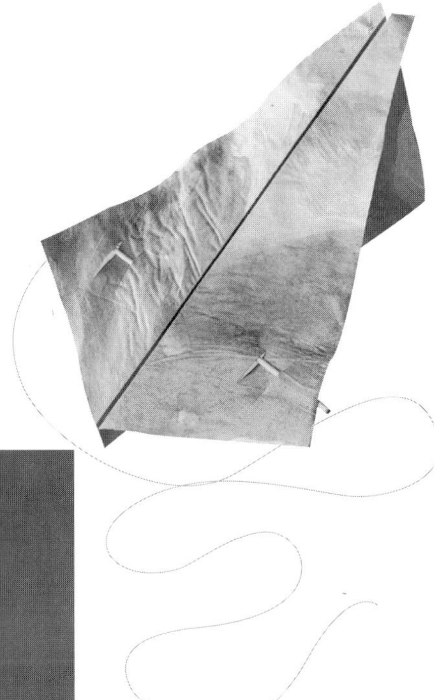

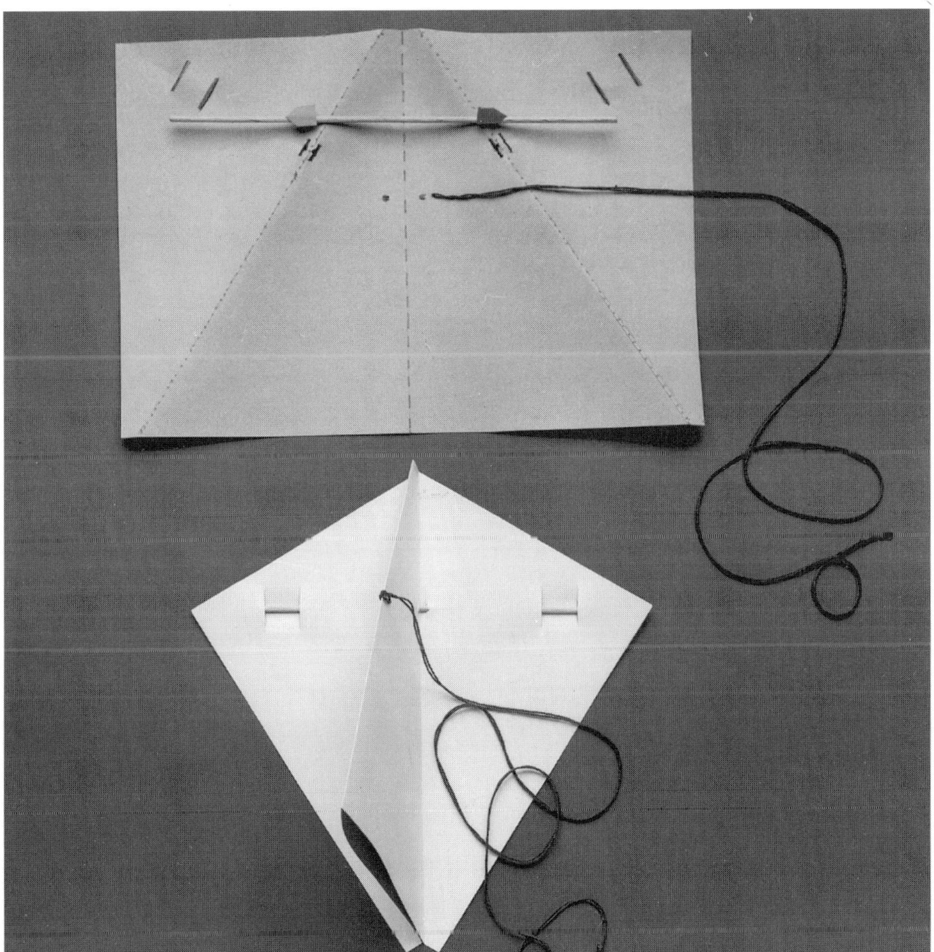

Schlittendrachen

Der Schlittendrachen, im Fachjargon Sled genannt, ist ein Leichtwinddrachen. Schon mit wenig Wind steigt er zum Himmel. Nicht vergessen: die Luftlöcher im unteren Teil. Ohne sie würde der Sled nicht fliegen.

Tyvek oder Spinnakernylon, 100 × 90 cm
Stoff- oder transparente Lackfarben
Gewebeklebeband
2 Hartkunststoffstäbe, 6 mm ⌀, 90 cm lang
leichte Nylonschnur, 2 m
Waagering oder Schlüsselring
2 Ösen oder Lochverstärker (Schreibwarenhandel)
Drachenleine und Haspel

Schere
Japanmesser
Pinsel

So wird's gemacht:
Übertrage die Masse der Zeichnung auf das Drachenmaterial. Schneide die Form und die Luftlöcher aus. Nun kannst du das Drachensegel auf der Vorderseite bemalen. Trocknen lassen.
Anschliessend werden die Stäbe mit Gewebeklebeband auf das Segel geklebt. Verstärke die Ecken mit dem gleichen Band. Schlage die Ösen ein, oder klebe die Lochverstärker auf.
Schlinge nun die 2 m lange Nylonschnur an den Waagering und verknote sie an den Ösen links und rechts. Befestige die Haspel mit der aufgewickelten Drachenleine am Waagering.

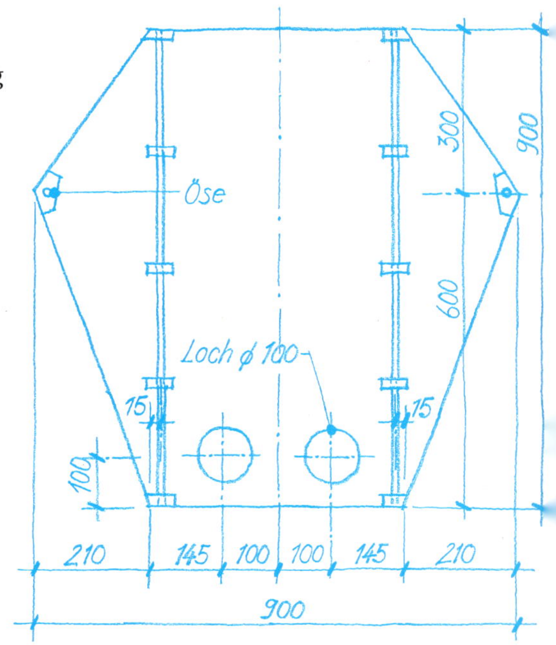

Grosser Achteckdrachen

Schon vor Christi Geburt bauten die Chinesen Drachen aus Seide und Bambusstangen. Dem Drachen wurden verschiedenste Bedeutungen zugeschrieben: Den chinesischen Geburtstagsdrachen liess man zum Himmel steigen, damit er frei fliegend alles Unglück des Gefeierten mit sich forttrage. Die Drachen dienten auch dazu, Botschaften zu übermitteln und vor Gefahren zu warnen. Es gab Wettbewerbe im Drachenkampf.

Tyvek oder Spinnakernylon
reissfester Nähfaden
8 Rundstäbe, 10 mm ⌀, 1 m lang (Dübelstangen aus Ramin)
Sperrholzplatte, 19 mm dick
Rondelle, 80 mm ⌀
ca. 3,5 m reissfeste, kunstfaserverstärkte Schnur
40 m Schnur
Metallring (z. B. Schlüsselring)
Schnurhaspel (Spezialausführung, Drachenbedarf)
Weissleim oder Holzleim

Doppelmeter
Schere
Cutter
Filzschreiber
Schneideunterlage
Laubsäge
Stichsäge
2,5-mm- und 10-mm-Holzbohrer
Holzfeile
Schleifpapier

So wird's gemacht:
Form und Masse gemäss Zeichnung.

Gerüst:
Es gleicht einem Rad mit achteckigem Umriss. Zeichne auf die Sperrholzplatte den Kreis für die Nabe mit einer 8er-Teilung für die Speichen. Säge die Nabe mit der Stichsäge aus. Bohre ein Loch von 3 mm ⌀ im Nabenzentrum. Bohre die Löcher von 10 mm ⌀ in die Stirnseite der Nabe. Nun werden die auf Mass abgelängten und an den Enden mit einem Loch von 3 mm ⌀ versehenen Speichen in die Nabenlöcher eingeleimt. Ziehe die Schnur durch die Löcher an den Speichenenden.

Segel:
Das Drachensegel wird nach der Grösse des Speichengerüsts plus allseitiger Saumzugabe von 3 cm zugeschnitten. Den Saum nähen. Nun musst du die Schnur von den Speichen nehmen, damit du sie durch den Saum und die Speichenlöcher führen kannst. Die Segelfläche kannst du nach Belieben gestalten.
Nähe pro Speiche 2 Bänder an das fertig genähte Segel. Damit wird das Segel an den Speichen festgebunden.

Schwanz:
Der Schwanz ist 7mal länger als der Durchmesser des Segels.
Es können auch 2 Schwänze an den Drachen gehängt werden.
Gut ist ein Drachenschwanz in Schlauchform: Falte einen Streifen von etwa 12 cm Breite so, dass die Längsseiten auf der Schlauchmitte liegen. Aus vielen aneinandergereihten Streifen ergibt sich das gewünschte Mass. Nähe die Schlauchstücke mit einer Zick-Zack-Naht zusammen. Links und rechts der Naht ist nun ein neuer Schlauch entstanden.
Nun wird der Schwanz dekorativ eingeschnitten: über die ganze Schwanzlänge beidseitig in 4-cm-Abständen jeweils bis 7 mm vor die Zick-Zack-Naht.

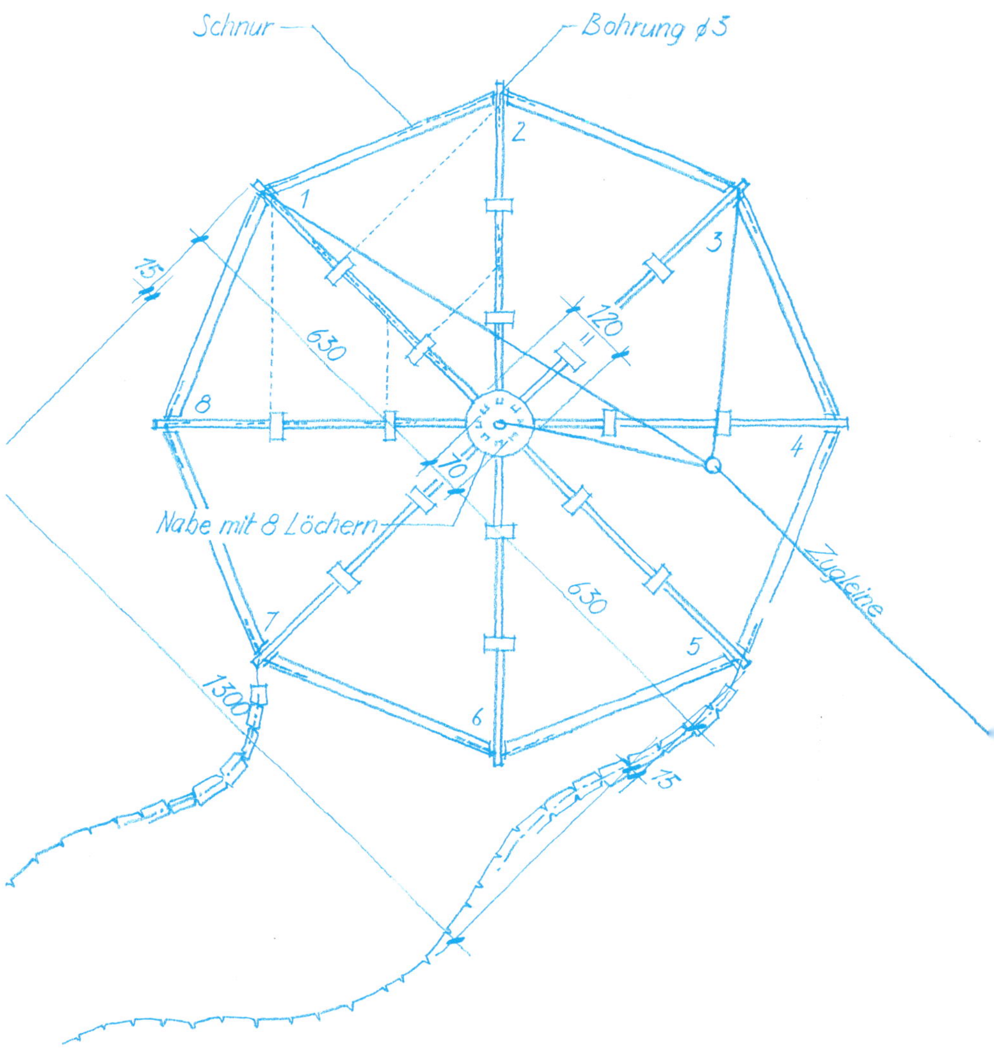

Tyvek und Spinnakernylon sind ultraleichte, dichte und reissfeste Kunststoffgewebe.
Spinnakernylon gibt es in einer breiten Farbpalette. Dieses Material kann nicht geklebt werden; es wird mit der Maschine genäht. Spinnakernylon lässt sich weder bemalen noch mit Filzstift markieren.
Die Anforderungen an eine genaue Verarbeitung sind gross. (Kanten etwa für Säume lassen sich nur schwer umlegen; Klebstreifen haftet schlecht.)
Spinnakernylon ist relativ teuer; es sind auch Abschnitte und Reststücke erhältlich.
Tyvek wird fast ausschliesslich in Weiss angeboten.
Es lässt sich mit wasserlöslichen Farben gut bemalen.
Tyvek lässt sich nähen und kleben. Empfehlung: Stark beanspruchte Stellen nähen.
Spinnakernylon und Tyvek sind im Drachenbedarfshandel und zum Teil in Hobbygeschäften erhältlich.

Schlussmontage:
Ziehe die Schnur von den Speichen und lege das Gerüst auf das Drachensegel. Knüpfe die Speichen mit den Bändern fest. Ziehe dann die Schnur durch den Saum und alle Speichenlöcher. Verknüpfe den Schnuranfang mit dem Schnurende.

Waage:
Der Fixpunkt, an dem Drachensegel und Steigleine verbunden werden, ist der Waagering.
Vom Waagering ausgehend führen 3 Schnüre zum Drachen.
2 Schnüre, je 102 cm lang, werden an den Speichenenden 1 und 3, die letzte Schnur, 1 m lang, im zentrisch gebohrten Loch der Nabe festgebunden.
Hänge die Zugleine am Waagering ein, und knüpfe je einen Schwanz an das Speichenende 5 und 7.
Nun ist der Drachen für den ersten Probeflug bereit.

Fallschirme und Gleitschirme

Fast gleichzeitig mit der Ballonfliegerei entwickelte sich das Fallschirmspringen. Um 1880 sprangen die ersten mutigen Menschen aus Ballonkörben. Mit dem Fallschirm retten sich die Piloten aus abstürzenden Flugzeugen. Heute ist das Fallschirmspringen und das Segeln mit dem Gleitschirm ein beliebter Freizeitsport geworden.

Seidenpapier
feinfaseriges Japanpapier
Abdeckklebeband
Weissleim, Weizenkleister
Vaseline
Nylonschnur
Luftballons
Gummibärchen, Korkzapfen oder leichter kleiner Plüschteddy

Schere, Pinsel

So wird der Fallschirm gemacht:
Luftballone werden verschieden gross aufgeblasen und gut verknotet. Befestige jeden mit Klebeband auf einem Gefäss. Bestreiche die obere Halbkugel mit Vaseline. Reisse aus feinfaserigem Papier (Seidenpapier) kleinere, gleich grosse Stücke.

Kleistermischung: Rühre 1 Esslöffel Weizenkleister in 5 Esslöffel kaltes Wasser. Füge dem glattgerührten Brei 3 Esslöffel Weissleim bei.

Beginne mit dem Aufkleben der Papierstücke an der Ballonkuppe. Arbeite systematisch, z. B. spiral- oder kreisförmig, nach unten. Lege das Papier auf und überstreiche es mit dem Kleisterpinsel. Jedes Papier liegt wenig überlappend auf dem vorhergehenden. Denke an die gleichmässige Gewichtsverteilung; unregelmässiges, ungenaues Kleben hat seine Folgen – der Schirm kippt beim Flug. Zwei, maximal drei übereinandergeklebte Schichten genügen für einen stabilen Schirm. Trocknen lassen.
Im Zentrum der Kuppe ziehst du nun eine Schlaufe aus Nylonfaden ein. Hänge den Schirm auf, und knüpfe mit 4 bis 8 Fäden vom Schirmrand her genau zentriert den Fallschirmspringer an.

Tyvek- oder Spinnakerreste
luftgepolsterte Folie (Verpackungsmaterial)
Blumendraht
Abdeckklebeband
Nylonschnur (Fischernylon, Silk)

Gummibärchen, Korkzapfen oder leichter kleiner Plüschteddy
Schere
Drahtschere
Flachzange
Nähmaschine

So wird der Gleitschirm gemacht:

Schneide aus dem Drachenmaterial ein Rechteck von ca. 30 × 18 cm zu. Schlage allseitig einen Saum von 1,5 cm ein, und nähe die Längs- und Querseiten separat fest. Ziehe durch die vier Säume Drahtstücke in entsprechender Länge. Biege an jedem Drahtstück die Enden zu kleinen Abschlussschlaufen. An diese knüpfst du die Nylonschnur für den Springer.
Für den Flug biege die Längsseiten halbrund.

Bei luftgepolsterter Folie führe den Draht mit kleinen Vorstichen durch den Polsterfolienrand. Biege dann wie oben beschrieben an den Drahtenden 4 kleine Abschlussschlaufen.

Seifenblasen

Seifenblasen sind formvollendete zarte Flugobjekte. Sie vertragen keine Störfaktoren: Kühle Temperaturen und nur leicht bewegte Luft sind ihnen am zuträglichsten. Lautlos lösen sie sich vom Ring und schweben davon. Wird ihre Oberflächenspannung in irgendeiner Weise gestört, zerplatzt die dünnhäutige Blase, und die wunderschönen Regenbogenfarben lösen sich in nichts auf.

So wird's gemacht:
Lege mit dem Blumendraht einen Ring von 18 bis 25 cm ø. Forme die vorstehenden Enden zu einem Griff. Umwickle den Ring mit Draht und drücke mit der Flachzange die Umwindungen flach. Ziehe Verbandstoffstreifen durch die Schlingen der Umwicklung.
Stelle eine Kleistermischung her (siehe Seite 40). Umwickle den Ring mit eingekleisterten Bändern. Drücke den Stoffring im angetrockneten Zustand von Hand flach. Zusätzlich kannst du den Ring mit einer letzten Runde Wollgarn umwickeln.

Gib Wasser und Abwaschmittel in einen Suppenteller, und verrühre beides behutsam mit dem Finger. Nun tropfe das Glycerin in die Lösung.
Lege den Ring flach in die Flüssigkeit und ziehe ihn sachte nach oben: Eine zarte Haut liegt auf dem Ring. Stelle den Ring senkrecht und ziehe ihn waagrecht durch die Luft. Wenn die Oberflächenspannung und die Luftbedingungen stimmen, bildet sich eine grosse schlauchartige Blase. Diese löst sich dann plötzlich vom Ring und schwebt, in den Regenbogenfarben schillernd, davon, bis sie zerplatzt. Bei zuwenig Spannung noch etwas Abwaschmittel oder zusätzlich 2–3 Tropfen Glycerin beifügen.

Blumendraht
Verbandstoffgaze
Wollgarn
Acryl-Kleisterfarbe

1 Esslöffel kaltes Wasser
3 Esslöffel Abwaschmittel
2–3 Tropfen Glycerin

Drahtschere
Flachzange
Schere

Windrad aus Sichtmappen

Dieser Klassiker unter den Windrädern ist aus wasserfesten Bürosichtmäppchen geschnitten. Mit diesem soliden Material halten die Flügel die Spannkraft und bleiben auch bei heftigem Wind stabil. Reizvolle Effekte ergeben mit Filzstift aufgemalte Striche. Die transparente Plastikfolie erlaubt Durchblicke; bei Überschneidungen ergeben sich neue Muster.

A

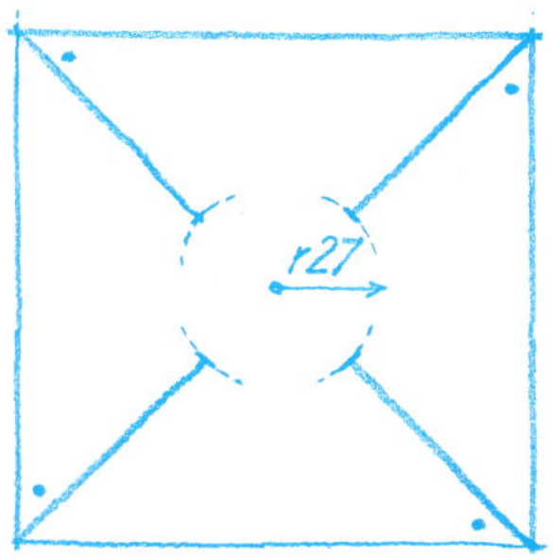

B

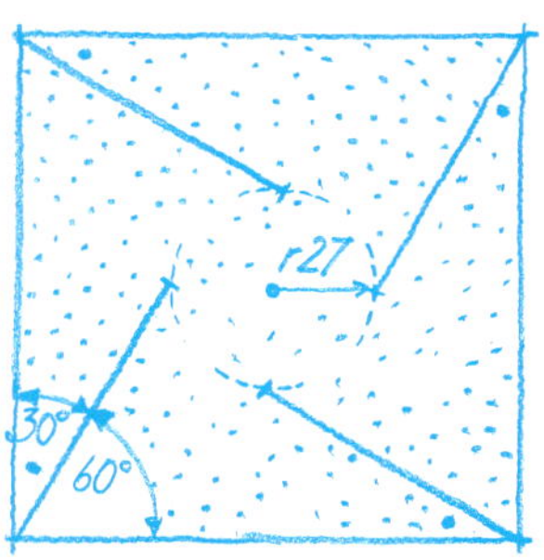

Farbige Sichtmappen

pro Windrad:
2 Holzperlen
1 Nagel
1 Holzstab oder Korkzapfen
Weissleim
Stecknadel

Schere
Hammer
Ahle
Filzstifte

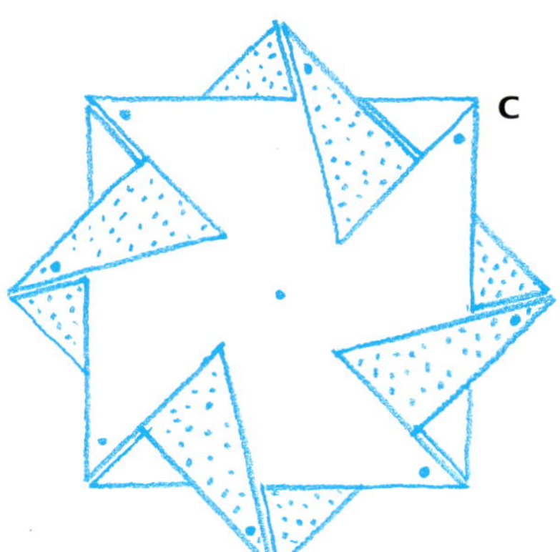

C

So wird's gemacht:
Für ein einfaches oder doppeltes Windrad bildet die Grundform immer ein Quadrat.
Für das einfache Windrad gemäss Schema A das Muster aufzeichnen und ausschneiden. Durchsteche mit der Ahle die Punkte an den Ecken, und lege diese eine nach der anderen zur Mitte. Fixiere sie mit einer Stecknadel.
Für das doppelte Windrad kannst du zwei verschiedene Farben verwenden. Schneide das Muster Schema A und Schema B aus. Bemale die Quadrate. Schema C zeigt, wie A und B ineinandergeschoben werden. Lege nun die punktierten Ecken im Gegenuhrzeigersinn zur Mitte und fixiere sie (siehe oben). Zuletzt befestige das Doppelrad zwischen Holzperlen mit einem Nagel am Holzstab oder in einem Korkzapfen.

Windrad aus Backförmchen

Die Hauptteile dieses Windrades sind der Tragbalken, der Rotor und das Seitenruder (Windfahne). Der Tragbalken liegt waagrecht, drehbar auf einem in das Erdreich gerammten Pfosten. Die Drehachse bildet ein Nagel. Er ist von oben durch den Tragbalken in den Pfosten geschlagen und bildet gleichzeitig Verbindung und Drehachse. Am vorderen Ende des Tragbalkens dreht sich der Rotor. Auch hier bildet ein Nagel Drehachse und Verbindung. Der Rotor besteht aus

1 Rundstab, 8 mm ⌀, 1 m lang (Buchendübelstange)
2 Rundstäbe, 3 mm ⌀, 1 m lang
12 Alubackförmchen, 10 cm ⌀, 2 cm tief
2 Nägel, 40 x 2 mm
1 Holzperle, 8 mm ⌀, mit Bohrung
1 Holzkugel oder Holzscheibe, 30 mm ⌀
Weissleim
Acrylfarbe
1 Holzstab oder -pfahl
Schnur oder Draht zum Festbinden

Säge mit feiner Zahnung, evtl. Laubsäge
3-mm-Bohrer
mittel- und feinkörniges Schleifpapier
Ahle
Hammer
Vorschlaghammer

So wird's gemacht:
Masse gemäss Skizze.

Tragbalken:
Säge den Rundstab von 8 mm ⌀ auf eine Länge von 62 cm zu. Bohre in den Tragbalken 3 Löcher von 3 mm ⌀ für das dreiteilige Seitenruder und 1 Loch von 2 mm ⌀ für den Rotor.

Rotor:
Säge aus dem Rundstab von 3 mm ⌀ 6 Speichen von 17 cm Länge. Bohre auf der Äquatorlinie der Nabe (Holzkugel oder Holzscheibe von 30 mm Dicke) in gleichem Abstand 6 Löcher von 3 mm ⌀. Durchsteche 6 Backförmchen am unteren Rand knapp über dem Boden mit je 2 Löchern von 3 mm ⌀ für die Speichen. Stecke die Backförmchen als Schaufeln auf die Speichen und verklebe die Teile.
Stecke die Speichen mit den daran festgeklebten Schaufeln in die Nabe. Nimm nur sehr wenig Leim, damit sich die Speichen zum Anpassen noch in der Nabe drehen lassen. Verbinde nun den Rotor mittels eines Nagels mit dem Tragbalken.

Seitenruder:
Säge aus dem Rundstab von 3 mm ⌀ 3 Stützen von je 12 cm Länge. Halte je 2 Backförmchen Boden gegen Boden, lege durch den Kreisdurchmesser eine Stütze und verklebe die Teile miteinander. Sobald die Klebung hält, werden sie mit dem Tragbalken verbunden.

Fertigstellung:
Durch Experimentieren muss der Gleichgewichtspunkt des Tragbalkens gefunden werden. Zu zweit geht das leichter: Dein Helfer streckt den Zeigefinger waagrecht aus, und du legst den Tragbalken mit dem Windrad auf den Finger und schiebst ihn so lange hin und her, bis er schaukelnd im Gleichgewicht bleibt. An dieser Stelle

Nabe, Speichen und Schaufeln. Zur optimalen Ausnützung der Windkraft müssen die Schaufeln leicht abgedreht an den Speichen fixiert werden (siehe dazu die Skizze). Etwas tüfteln ist unerlässlich! Auf dem hinteren Ende des Tragbalkens sitzt das Seitenruder. Es ist mit demjenigen des Flugzeugs vergleichbar, aber nicht beweglich konstruiert. Dank dem Seitenruder steht das Windrad immer «richtig im Wind».

bohre nun das Loch. Schliesslich werden alle Teile definitiv verklebt und das Windrad bemalt.
Zur Reduzierung der Reibung kommt zwischen Tragbalken und Holzpfosten eine Holzperle, und das Ganze wird mit einem Nagel fixiert.

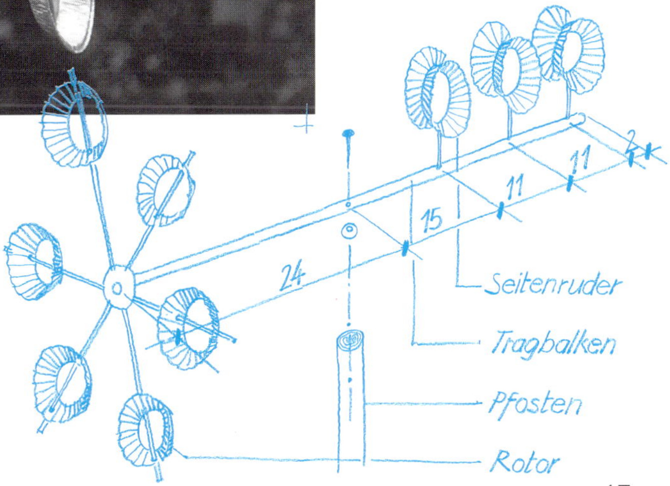

Sperrholzwindrad

Eine Variante zum ultraleichten Aluwindrad ist das hölzerne Schaufelrad. Starke Winde bringen die Sperrholzschaufeln zum Rotieren. Je nach Bemalung entstehen bei schneller Drehgeschwindigkeit Striche, oder bei verschiedenfarbig bemalten Schaufeln mischen sich die Farben.

1 Rundstab, 12 mm ⌀, 1 m lang (Buchendübelstange)
1 Rundstab, 6 mm ⌀, 1 m lang
Flugzeugsperrholz, 1,5 mm dick, 30 × 100 cm
1 Holzkugel, 30 mm ⌀, mit Bohrung
1 Nagel, 45 × 2 mm
12 Nägel, 10 × 1 mm
1 Schraube, 50 × 4 mm
Weissleim, Epoxyd-Zweikomponentenkleber
1 Holzstab oder -pfahl
Schnur oder Draht zum Festbinden
1 m Draht, 2 mm ⌀
Plastiktragtasche

Säge mit feiner Zahnung
Laubsäge
4-mm- und 6-mm-Holzbohrer
mittel- und feinkörniges Schleifpapier
Ahle
Schraubenzieher
Hammer
Pinsel
Vorschlaghammer

So wird's gemacht:
Formen und Masse gemäss Skizze.

Tragbalken:
Säge den Rundstab von 12 mm ⌀ auf 62 cm Länge zu. Bohre 2 Löcher für das Seitenruder: Für die aus Sperrholz gefertigten Motive Drachenkopf und Mädchen bohrt man Löcher von 6 mm ⌀, für die Flagge mit Drahtrahmen solche von 2 mm ⌀. Der Abstand des Lochs vom Ende des Stabs ergibt sich aus der effektiven Grösse des gewählten Motivs. Bohre zusätzlich ein Loch von 4 mm ⌀ für die Befestigung des Rotors.

Rotor:
Säge aus dem Rundstab von 6 mm ⌀ 6 Speichen von je 15 cm Länge. Bohre auf der Äquatorlinie der Nabe (Holzkugel von 30 mm ⌀) in gleichmässigen Abständen 6 Löcher von 6 mm ⌀. Säge aus dem Sperrholz 6 trapezförmige Schaufeln zu. Lege Schaufeln und Speichen gemäss Skizze übereinander und verklebe sie mit Epoxyd-Kleber. *Tip:* Fixiere zuvor die Teile provisorisch mit Nägeln (10 × 1 mm). Fixiere die Speichen zuerst provisorisch in der Nabe.

Seitenruder (Windfahne):
Entwirf eine witzige Figur (Drachenkopf, Mädchenfigur oder ähnliches), die sich als Seitenruder eignet. Zeichne die Figur auf das Sperrholz und säge sie aus. Arbeite aus einem Rundstab von 6 mm ⌀ zwei Zäpfchen mit Schlitzen gemäss Skizze. Stecke sie mit dem Schlitz nach oben an der vorgesehenen Stelle in den Tragbalken und klebe sie fest. In die Zäpfchen mit den Schlitzen wird dann das Seitenruder eingesteckt.
Für die Flagge als Seitenruder formt man aus 2-mm-Draht einen Rahmen in der entsprechenden Form. Schneide aus einer bunten Plastiktragtasche in doppelter Lage die Form gemäss dem Drahtgestell plus 5 mm Nahtzugabe zu. Nähe

sie an drei Seiten zu, die vierte Seite bleibt offen, um sie über das Gestell zu stülpen.

Fertiggestellt wird das Windrad ebenso wie das Backförmchenwindrad (Seite 46).

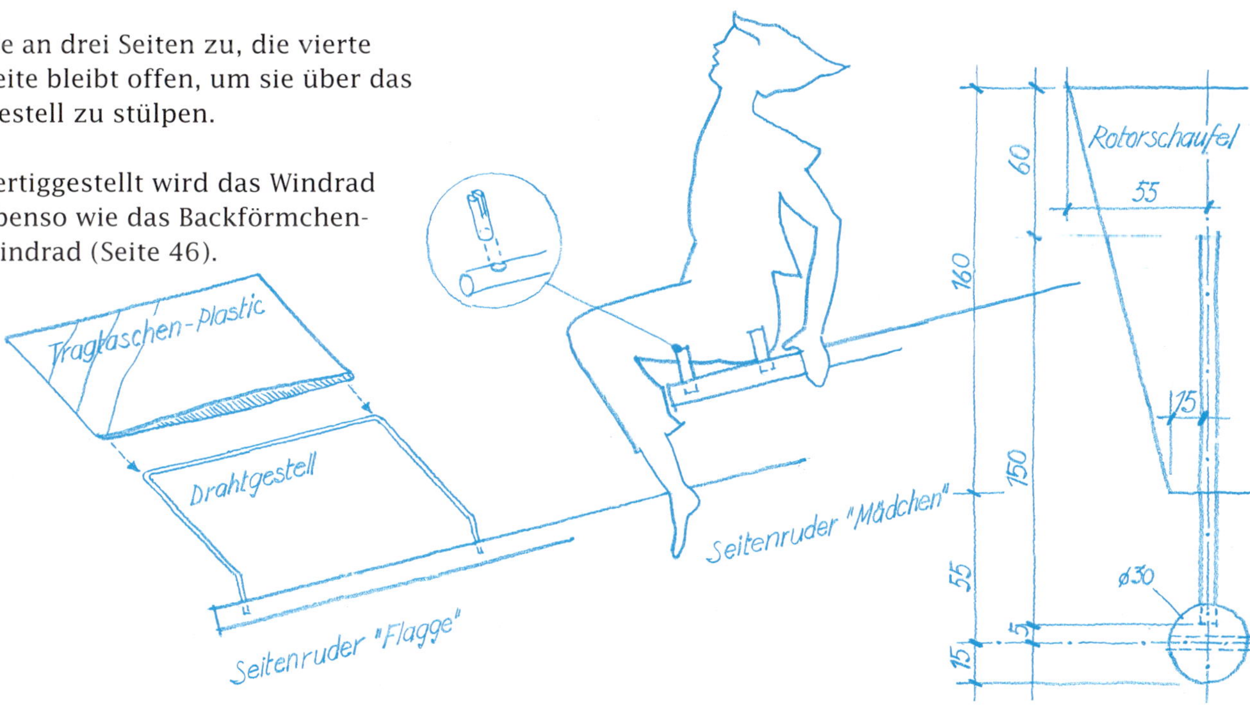

Federnwindrad

Dieses Windrad besitzt keinen Tragbalken. Der Rotor wird direkt an einem Stab in senkrechter Lage befestigt. An windexponierter Stelle dreht es sich ebensogut im Garten, am Balkongeländer oder in der Hand.

9 (breite) Gänsefedern, 22 cm lang
Styroporkugel, 37 mm ⌀
Acrylfarbe
1 Bambusstab, 12 mm ⌀, 1 m lang
2 Holzperlen, 6 mm ⌀, mit Bohrung
1 Nagel, 60 x 2,5 mm
Weissleim
Epoxyd-Zweikomponentenkleber
Schnur oder Draht zur Befestigung

Filzstift
Cutter
Feile
Flachzange
2,5-mm-Bohrer
Kerze, Zündhölzer
Pinsel

So wird's gemacht:

Rotor:
Markiere auf der Styroporkugel (Nabe) auf der Äquatorlinie in gleichmässigen Abständen 9 Punkte. An diesen Punkten werden Löcher von der Grösse des Durchmessers der Federkiele geschmolzen. Fasse dazu mit der Beisszange einen kräftigen Nagel und erhitze die Spitze über einer Kerzenflamme. Nun stosse den heissen Nagel an den bezeichneten Stellen in die Styroporkugel und forme mit vorsichtigen Bewegungen die entsprechenden Löcher.
Tip: Mache zuerst eine Probe an einem Styroporstück!
Schmelze ausserdem ein Loch von 3 mm ⌀ von Pol zu Pol.
Entferne die Haare am Ende der Federkiele, bis die Form einer Schaufel gleicht. Falls die Federn ungleich lang sind, müssen sie auf eine einheitliche Länge geschnitten werden. Spitze die Kielenden mit Cutter und Feile leicht zu.
Stecke die Federn in die Nabe und klebe sie fest. Achte darauf, dass auch diese Schaufeln wie bei anderen Windrädern leicht abgedreht in der Nabe stecken.

Fertigstellung:
Setze nach Belieben einen Farbtupfer auf die Nabe. Bohre in den Bambusstab am oberen Ende ein Loch von 2,5 mm ⌀ für die Rotorbefestigung. Verbinde mit dem Nagel die Teile in folgender Reihenfolge: Nabe, Holzperle, Bambusstab, Holzperle. Verklebe die letzte Holzperle mit der Nagelspitze.

Säulenwindrad

Beim Säulenwindrad drehen sich zahlreiche Schaufeln um eine vertikale Achse, welche mit Schnüren zwischen einem oberen und einem unteren Fixpunkt straff verspannt wird. Auf einem Balkon oder Gartensitzplatz lassen sich geeignete Fixpunkte leicht finden (z.B. am Balkongeländer). Ersatz für einen fehlenden Fixpunkt in Bodennähe kann auch ein schwerer Kiesel sein.

1 Alurohr, 8/6 mm ⌀, 1 m lang
2 Schweissdrähte, 1,5 mm ⌀, 1 m lang
1 Schweissdraht, 1 mm ⌀, 1 m lang
6 Holzkugeln, 25 mm ⌀
1 Holzperle, 5 mm ⌀, mit Bohrung
starker Bindfaden
1 Bogen Pressspankarton, 70/100 cm, farbig
2 kleine Karabinerhaken
1 Rundstab, 4 mm ⌀, 1 m lang (Buchenholzdübel)
Epoxyd-Zweikomponentenkleber
Acrylfarbe
Karton

Bleistift
Radiergummi
Schere oder Cutter
Flachrundzange
Beisszange
Laubsäge oder kleine Metallsäge
Metallfeile
Ahle
1,5-mm-, 3-mm- und 8-mm-Bohrer
Pinsel

So wird's gemacht:
Formen und Masse gemäss Skizzen.

Säge aus dem Alurohr ein Stück von 32,5 cm Länge, und markiere darauf die Positionen für die Holzkugeln.
Zeichne auf 1-mm-Karton einen Kreis von 10 cm ⌀, aus dessen Zentrum in gleichmässigen Abständen von 60 Grad 6 Strahlen führen.
Schneide die Kreisscheibe aus, stelle das Alurohr in das Zentrum und fixiere die beiden Teile provisorisch. Die Kartonscheibe ist eine Montagehilfe: Die Strahlen zeigen an, wie die Kugeln mit den 1,5-mm-Bohrungen ausgerichtet werden.
Bohre in die 6 Holzkugeln durchgehende Löcher von 8 mm und 1,5 mm ⌀. Bemale die Kugeln und schiebe sie im trockenen Zustand über das Alurohr auf die markierten Höhenpositionen. Richte sie nach den Strahlen auf der Kreisscheibe aus.
Zur Vereinfachung der Montage bezeichne die Kugeln mit den Zahlen 1 bis 6 und die Strahlen mit den Buchstaben A bis F:
1 richtet sich nach A bis D,
2 nach B bis C,
3 nach C bis F,
4 nach A bis D,
5 nach B bis F und
6 nach C bis F.
Klebe die Kugeln mit Epoxyd-Kleber am Rohr fest. Sobald der Kleber hält, kann die Montagehilfe entfernt werden.
Säge aus dem Rundstab ein Stück von 25 mm zu. Bohre auf halber Länge ein durchgehendes Loch von 1 mm ⌀ quer durch den Stab.
Bohre dann durch die Kugel 6 ein durchgehendes Loch von 4 mm ⌀; zugleich wird das Alurohr durchbohrt. Stecke den Rundstab in dieses Loch und verklebe die Teile miteinander. Achte darauf, dass das 1-mm-Loch im Rundstab senkrecht zu liegen kommt!

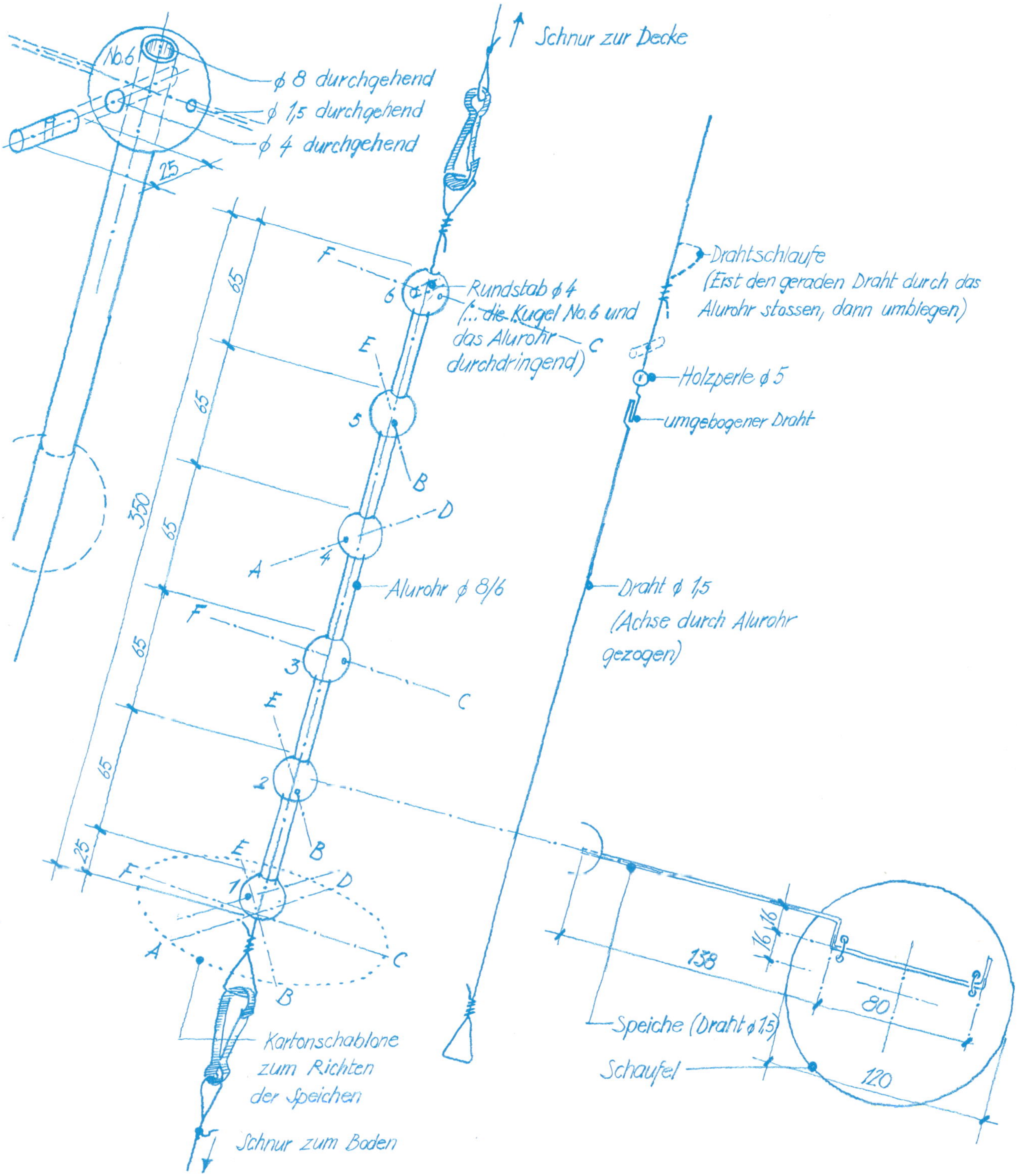

Schnur zur Decke
No.6
ϕ 8 durchgehend
ϕ 1,5 durchgehend
ϕ 4 durchgehend
25
F
65
6
Rundstab ϕ 4
(... die Kugel No.6 und
das Alurohr
durchdringend)
C
Drahtschlaufe
(Erst den geraden Draht durch das
Alurohr stossen, dann umbiegen)
E
65
5
Holzperle ϕ 5
umgebogener Draht
B
350
65
D
A
4
Alurohr ϕ 8/6
Draht ϕ 1,5
(Achse durch Alurohr
gezogen)
F
65
3
C
E
65
2
B
25
E
F
1
D
A
C
B
138
16
16
80
Speiche (Draht ϕ 1,5)
Schaufel
120
Kartonschablone
zum Richten
der Speichen
Schnur zum Boden

Die wichtigsten Teile des Windrads sind:

- die Nabe, bestehend aus einem Alurohr und sechs übereinanderliegenden Kugeln
- die Speichen aus Schweissdraht von 1,5 mm Durchmesser (Eisenwarenhandlung)
- die Schaufeln aus Pressspan-Karton (Papeterie, Zeichenbedarf)
- die Achse aus Schweissdraht von 1 mm Durchmesser.

Schneide aus dem 1-mm-Schweissdraht ein 50 cm langes Stück zu, und biege es gemäss Skizze zur Achse. Sie wird durch das Alurohr geführt; dabei muss das obere Drahtende vorerst noch gerade bleiben, um den Durchgang beim Querstab durch Kugel 6 offen zu lassen. Ist der Durchgang gefunden, kannst du das obere Drahtende wie das untere zu einer Schlaufe biegen. In diese werden die Karabinerhaken eingehängt.
Schneide aus dem 1,5-mm-Schweissdraht 12 Stücke von 25 cm Länge für die Speichen zu. Biege sie gemäss Skizze.
Schneide aus Pressspan 12 Kreisscheiben (Schaufeln) von 12 cm ⌀, steche die Löcher mit der Ahle, und binde die Schaufeln an die Speichen (siehe Skizze).
Stecke die Speichen mit den daranmontierten Schaufeln in die Kugeln. Verklebe sie nur provisorisch, bis nach den ersten Testläufen die richtige Stellung ersichtlich wird.

Vertikalwindrad

Das Vertikalwindrad dreht sich auf einem Pfosten um eine senkrechte Achse. Präziser formuliert müsste man von einem liegenden Rotor sprechen.

Birkensperrholz (Flugzeugsperrholz), 1,5 mm dick, 30 × 75 cm
1 Holzkugel, 25 mm ⌀, Bohrung 6 mm ⌀
1 Holzkugel, 10 mm ⌀
1 Rundstab, 5 mm ⌀ (Buchendübel)
Schweissdraht, 1,5 mm ⌀, 1 m lang
starker Bindfaden
Acrylfarben
Holzstab oder -pfahl
Epoxyd-Zweikomponentenkleber

Bleistift
Radiergummi
Schere und Cutter
Laubsäge
Feile
mittel- und feinkörniges Schleifpapier
1,5-mm-, 2,5-mm- und 5-mm-Holzbohrer

So wird's gemacht:
Formen und Masse gemäss Skizze.

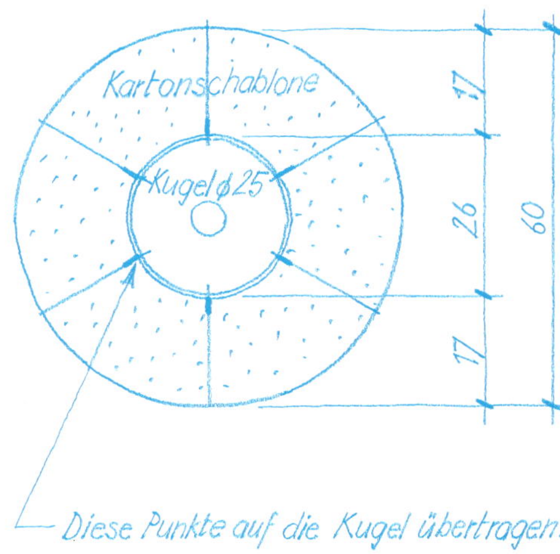

Säge aus dem Sperrholz 6 Schaufeln. Bohre die Löcher von 2,5 mm ⌀ für die Befestigung an den Speichen. Bemale die Schaufeln. Markiere auf dem Äquator der 25-mm-Holzkugel (Nabe) gemäss Kartonschablone die 6 Punkte für die Löcher. Bohre Löcher von 1,5 mm ⌀. Setze auf den oben liegenden Pol der Kugel die zweite, 10-mm-Kugel und klebe sie fest. Schneide aus dem Schweissdraht 6 Stücke von 25 cm Länge für die Speichen zu. Biege sie gemäss Skizze. Binde die Schaufeln an die Speichen, und zwar nicht zu fest, damit sie sich drehen können. Der Speichenabschnitt A kommt auf die Vorderseite und der Speichenabschnitt B auf die Hinterseite der Schaufel zu liegen.
Stecke die Speichen in die Nabe und klebe sie provisorisch fest. Ermittle durch Versuche die richtige Stellung.

Bohre in den Holzpfahl von oben ein Loch von 5 mm ⌀ und ca. 3 cm Tiefe (den Pfahl dazu provisorisch in die Erde rammen). Säge aus dem Rundstab ein Stück von 8 cm Länge zu und stecke es mit Leim versehen in das Loch. Bearbeite das vorstehende Ende des Rundstabs mit Schleifpapier.
Nun setze das Windrad auf.

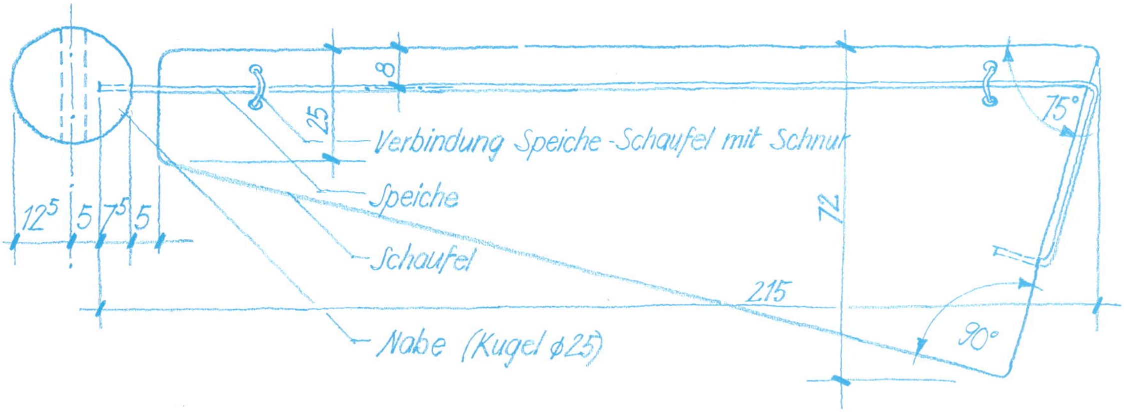
8
25
Verbindung Speiche-Schaufel mit Schnur
Speiche
Schaufel
Nabe (Kugel ø25)
12⁵ 5 7⁵ 5
72
215
75°
90°

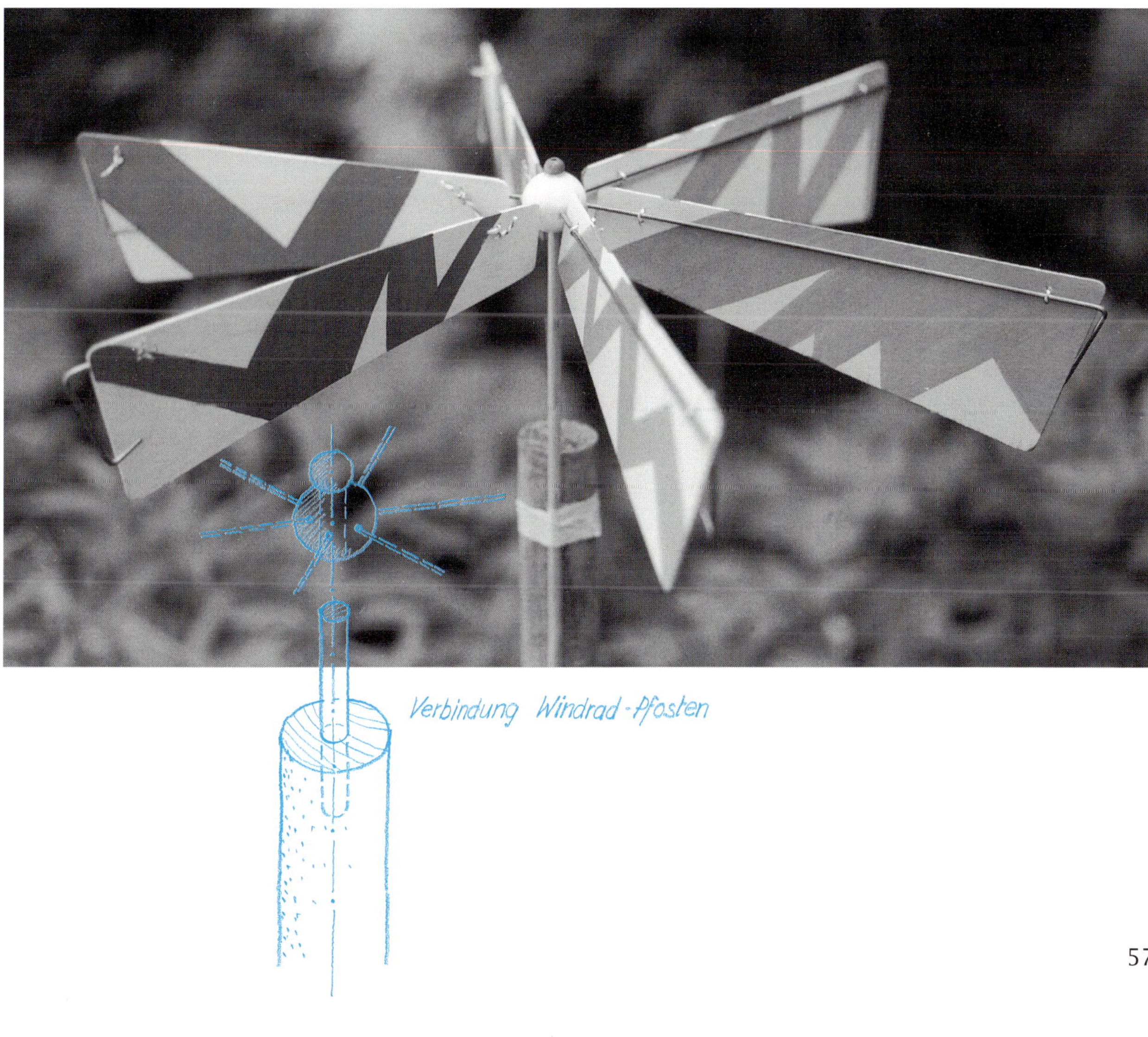
Verbindung Windrad-Pfosten

Papiermaché-Windrad

Eine Windradvariante mehr, die mit derselben Grundkonstruktion realisiert wird. Mit Altpapier, Maschendrahtgitter, Kleister und wasserfesten Farben als Werkstoff entstehen wiederum völlig andere Formen und Wirkungen. Neben dem gezeigten sind noch viele andere Motive zu entdecken!
Die Konstruktion von Rotor, Tragbalken und Seitenruder ist auf Seite 48 beim Sperrholzwindrad nachzulesen.

Alte Zeitungen
Seidenpapier
Packpapier
biegsames Sechseck-Maschendrahtgitter (Baubedarf, Garten-, Eisenwarenhandel)
Abdeckklebeband, 1,5 cm breit
Kleister
Weissleim
gekochtes Leinöl (Apotheke)
Acrylfarben
Acryllack

Drahtschere
Flachzange
Pinsel

So wird's gemacht:
Entwerfe dein Motiv (bei mir sind es ein Baum und Blätter) im Massstab 1:1 auf Packpapier. Schneide den Entwurf aus, befestige ihn mit Klebeband auf dem Gitter, und schneide die Formen mit der Drahtschere aus. Umklebe alle Ränder mit Klebband.
Reisse das Zeitungspapier in 2–3 cm breite Streifen. Stelle eine Kleistermischung her (siehe Seite 15). Mit dem Kleisterpinsel bestreichst du die Papierstreifen (Nicht zu nass arbeiten!) und überziehst damit die Gitterflächen auf beiden Seiten fünfmal. Trocknen lassen. Die letzte Schicht (Grundierungsschicht) besteht aus Seidenpapier: Kleistere alle überzogenen Teile ein und belege sie mit 2 cm breiten Seidenpapierstreifen. Trocknen lassen. Um die Teile wasserfest zu machen, werden sie mit Leinöl bestrichen und anschliessend bei 70 Grad im Backofen gehärtet. Wiederhole diesen Vorgang zwei- bis dreimal. (Man kann die Teile auch im Freien an der Sonne trocknen lassen.)
Die durchgetrockneten Formen kannst du bemalen und 12 Stunden später lackieren.
Für den Rotor klebe die Schaufeln (Blätter o. a.) beim Überziehen mit der vierten oder fünften Zeitungspapierschicht bereits an die Rundstäbe (6 mm ⌀).
Dank dem, dass das eingeklebte Drahtgitter formbar ist, kannst du das fertige Seitenruder (den Baum) und die Rotorblätter in die gewünschte Richtung biegen.

Windradgirlande

Zwischen zwei Bäumen oder Stangen wird eine Schnur gespannt. Darauf werden die Windräder aufgereiht. Die Schnur dient als horizontale Achse, auf der sich die Windräder drehen. Die Länge der Schnur und die Anzahl der Windräder ist unbegrenzt.

Metallfolie (Stanniolfolie) in verschiedenen Farben, 70 × 45 cm (Zeichenbedarf)
pro Windrad 2 Holz- oder Kunststoffperlen, 5 mm ⌀, mit Bohrung
gezwirnte, reissfeste Schnur oder Nylonschnur (Fischernylon, Silk)

Filzstift
Massstab
Zirkel
Schere
Cutter
Schneideunterlage

So wird's gemacht:
Zeichne gemäss Skizze das Rad auf die Folie. Markiere die Bruchkanten, indem du mit dem Falzbein behutsam darüberfährst; bei zuviel Druck bricht die Folie.
Schneide die Räder mit der Schere oder dem Cutter den Schnittlinien entlang aus. Falte die Flügel aus der Fläche heraus — nun erkennst du die Speichen.
Beim Aufziehen der Windräder wird vor und nach jedem Rad eine Holzperle auf die Schnur gefädelt. Plaziere die Perlen so weit vom Rad entfernt, dass sich dieses ohne Reibung drehen kann, und fixiere die Perlen mit einem Leimtupfer an der Schnur.
Befestige die Schnur gut gespannt zwischen zwei Bäumen oder Stangen.
Experimentiere mit der Stellung der Flügel. Je nach Ausrichtung der Schnur und je nach Wind müssen die Flügel weniger oder stärker abgebogen werden.

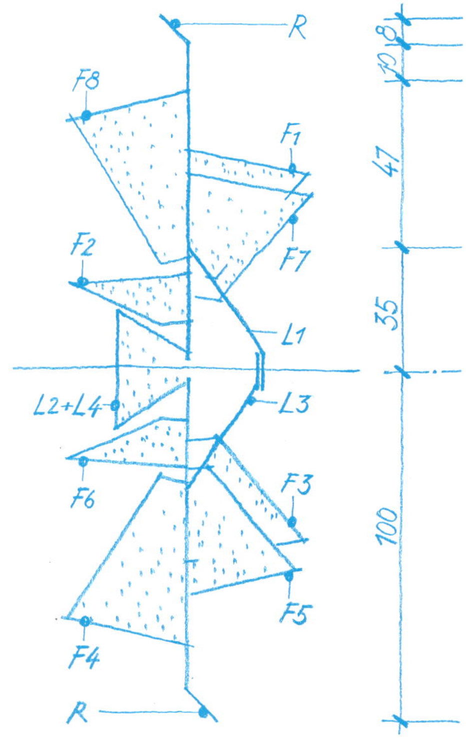

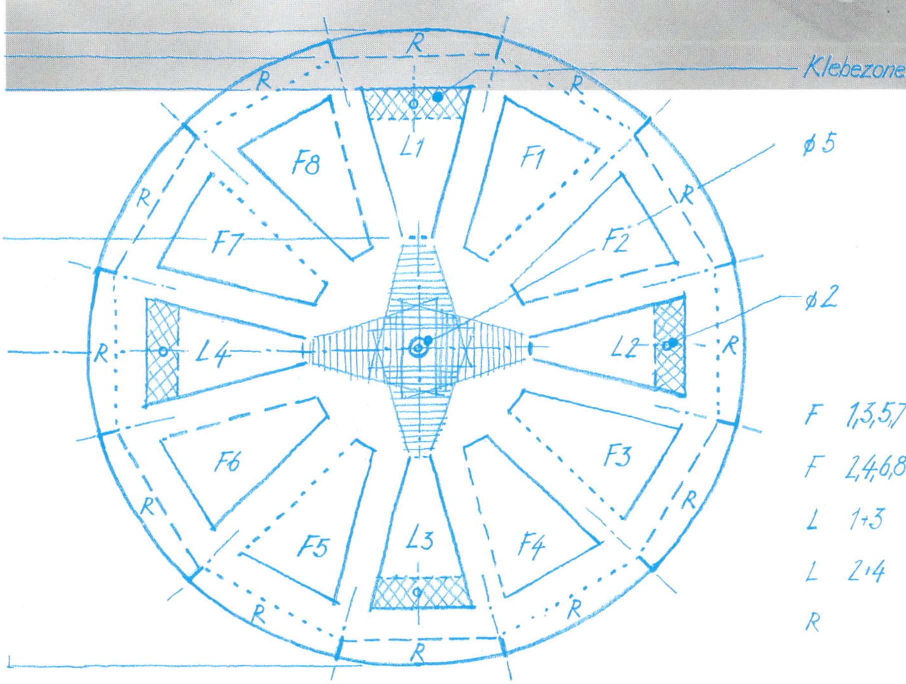

F 1,3,5,7 Flügel nach vorne gebogen

F 2,4,6,8 Flügel nach hinten gebogen

L 1+3 Lager nach vorne gebogen

L 2+4 Lager nach hinten gebogen

R Rand im Wechsel nach hinten und vorne gebogen

Lufttücher

Lufttücher sind wunderbare Spiel-Objekte. Je nach Grösse und Form der Stoffflächen und je nachdem, ob sie gegliedert, geschlitzt, gebündelt, geschnürt sind, bewegen sie sich anders in der Luft. Wenn am Stoffende zudem unterschiedliche Gewichte ein- oder angebunden sind, reagieren diese mit ihrem Widerstand verschieden auf Luftströmungen. An die Luft gehen, machen und beobachten!

Verbandstoffgaze oder Traubengaze (am Laufmeter erhältlich)
Federchen, Steine, Muscheln, trockene Gräser, Glöckchen u. a.
feine Schnur
Blumendraht
feine Blumenstäbe
Acrylfarbe

Schere
Drahtschere
Flachzange
Wollnähnadel
Pinsel

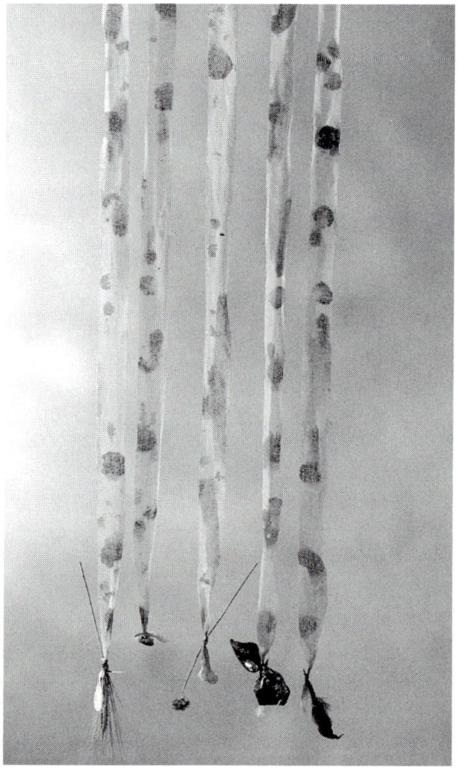

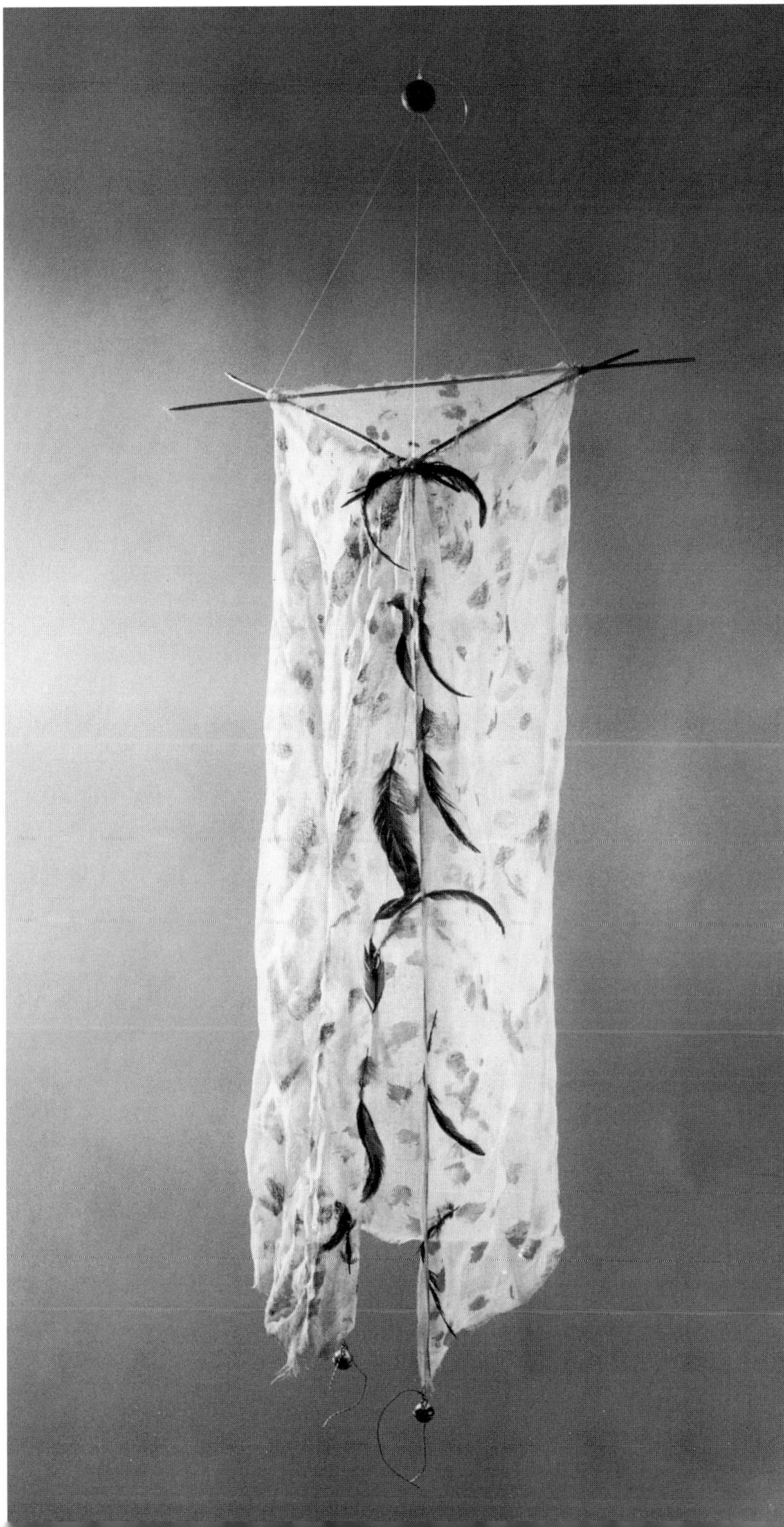

Windsack aus Stoff

In Japan zeigt ein Windsack in Fischform die Geburt eines Knaben an. Entwirf dein eigenes Motiv; achte darauf, dass es nicht zu breit (höchstens 60 cm Umfang) und in der Längsachse so proportioniert ist, dass der Wind sich im Stofftunnel verfangen kann (Länge etwa 100 cm).

Stoffreste
Faden
Blumendraht

Schere
Nähzeug
Drahtschere
Flachzange
Nähmaschine

So wird's gemacht:
Lege deinen Entwurf provisorisch auf eine doppelte Lage Stoffabschnitte. Nähe diese der Grösse deines Entwurfs entsprechend zusammen und bügle alle Nähte flach.
Hefte das Papiermuster auf die Rückseite des doppelt gelegten Stoffs, und schneide die Form mit 7 mm Nahtzugabe aus. Die Kanten zusammennähen und versäubern. Nähe am oberen Ende einen Saum für den Draht (zur Versteifung und für die Aufhängevorrichtung; siehe Windsack aus Plastik Seite 66). Je nach Form kann es von Vorteil sein, am unteren Ende einen zweiten Draht einzuziehen. So wird der Windsack ausgesteift. In jedem Fall ist es gut, wenn sich die Form am unteren Ende verjüngt. Sie füllt sich schneller mit Luft und stellt sich in den Wind.

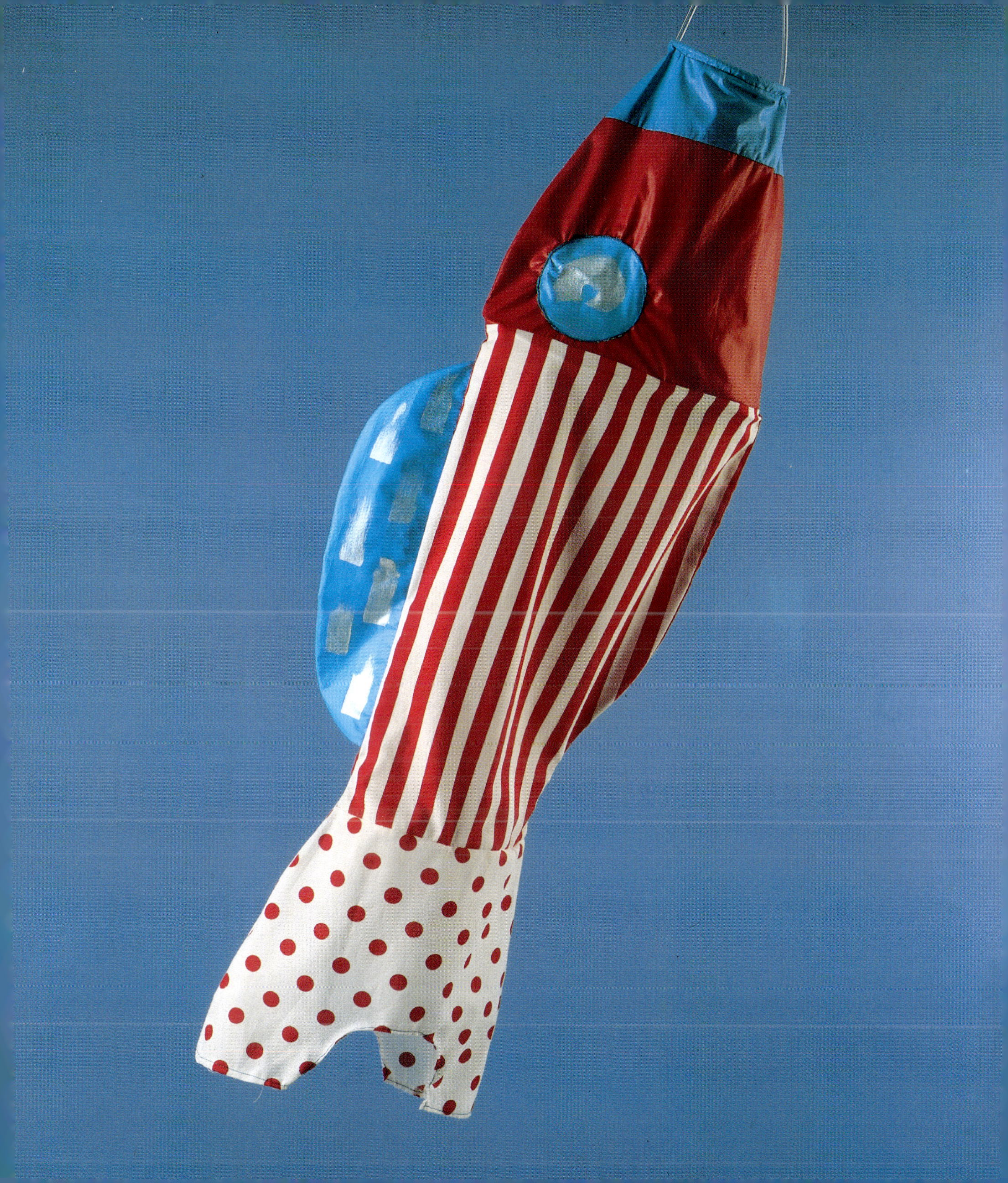

Windsack aus Plastik

Der Windsack zeigt die Windrichtung und die Windstärke an. Ist er ganz aufgebläht, herrscht starker Wind. Windsäcke hängen an windexponierten Stellen, zum Beispiel bei Autobahnbrücken oder Flugpisten. Dieser Windsack ist aus Plastiktragtaschen geschnitten und mit wenigen Handgriffen zusammengeklebt. Beobachte: Schon bei leichteren Luftströmungen stellt sich der Windsack in die entsprechende Windrichtung.

Plastiktragtaschen
Isolierband
Blumendraht
Büroklammern

Schere
Drahtschere
Flachzange

So wird's gemacht:
Schneide mit der Schere die Griffe der Tragtaschen und die Bodenfaltung weg. Wähle die Motive so, dass aus 3–4 Taschen eine neue dekorative Gestaltung entsteht.
Nun füge die Taschenschläuche zusammen: Schneide vom Isolierband dem Schlauchumfang entsprechend lange Stücke ab und halte sie bereit. Die Taschenteile werden etwa 1 cm ineinandergeschoben und mit Isolierband verklebt.
Für die Halterung und Aufhängevorrichtung braucht der Sack einen Saum: Lege dafür die obere Kante knapp 2 cm breit nach innen. Klebe den Saum mit Isolierband fest und lasse eine 1 cm grosse Öffnung. Durch diese schiebst du Blumendraht in entsprechender Länge. Die Drahtenden werden miteinander verdreht und mit der Flachzange flachgedrückt. Nun kannst du die Öffnung schön rund ausformen.
Forme aus Draht einen Aufhängehaken und stecke ihn an 2 bis 4 Stellen durch den abgeklebten Saum; biege die Aufhängung am oberen Ende zu einem Haken, den du überall ein- und aushängen kannst.
Verschliesse den Windsack am unteren Ende mit Büroklammern. Der Wind verfängt sich im Sack, bläht ihn auf und stellt ihn quer – nun weisst du immer, aus welcher Richtung der Wind bläst.

Fahne

Kein Fest ohne Fahnen! Fahnen schmücken Schiffe, Fahnen stehen an Aussichtspunkten. Wettspiele sind von Flaggen, Fähnchen, Wimpeln begleitet. Bei Staatstrauer stehen die Fahnen auf Halbmast. Fahnen sind Windzeichen, Windanzeiger …

So wird's gemacht:
Spanne ein quadratisches Stück Fahnenstoff mit Stecknadeln auf eine weiche Stoffunterlage. Klebe die Stoffränder zusätzlich mit Klebband darauf fest.
Entwirf ein passendes Luftmotiv (Vögel, Wolken o. ä.), übertrage es auf einen Karton und schneide es sauber mit dem Cutter aus.
Überlege dir die Gestaltung der Fahnenfläche: das Motiv in Reihen, in Gruppen, in der Diagonale, versetzt usw. Lege die Schablone auf den Stoff, klebe sie falls nötig mit Klebeband an vier Punkten fest. Mit dem Borstenpinsel nimmst du wenig Stoffarbe auf und stupfst sie in kleinen Mengen in das ausgeschnittene Motiv. Wenn die Farbe getrocknet ist, wird sie von der Rückseite her eingebügelt.
Nähe an allen vier Kanten eine 3 mm breite feine Naht. Befestige die fertiggestellte Fahne mit kleinen Tapezierernägeln an der Fahnenstange.

Fahnenstoff
Faden
Nähzeug
Halbkarton
Abdeckklebeband
Stoffunterlage
Stoffmalfarben (z. B. Deka)
kleine Tapezierernägel
Besenstiel

Schere
Cutter
runder Borstenpinsel
Bügeleisen

Wimpel

Für das nächste Gartenfest. Mit der Wimpelschnur wird der Vorrat an Plastiktragtaschen abgebaut …

Plastiktragtaschen
Abdeckklebeband
Schnur

Schere
Nähmaschine

So wird's gemacht:
Zeichne verschiedene Wimpelformen auf und übertrage sie auf die Plastiktaschen. Achte auf die Details! Entsprechend gewählte Ausschnitte ergeben witzige Gestaltungselemente.
Nähe am oberen Ende jeweils einen Saum für die Schnur und ziehe die Wimpel auf.

Dreams

Fahne Umbul umbul

Umbul umbul bedeutet auf balinesisch «Schwanz des Drachens». In Bali sind diese Fahnen ein wichtiger Bestandteil feierlicher Veranstaltungen. Die Fahnen werden auf ein Bambusrohr mit natürlich gebogener Spitze aufgezogen. Ethnologen berichten, dass diese Fahnenart bis auf den indischen Subkontinent und nach Tibet und bis in die Zeit vor Buddha zurückreicht.

Bezugsquelle Fahne:
Thomas Bertschi
Rainbow Project
CH-3433 Schwanden
Tel./Fax 034 61 39 75

Abdeckklebeband
Papierunterlage
Stoffmalfarben
(z. B. Deka)

Pinsel
Bügeleisen

So wird's gemacht:
Die Fahne waschen und bügeln. Lege die Fahne auf einer grossflächigen, glatten, gut abgedeckten Arbeitsfläche auf (unbedrucktes Zeitungspapier eignet sich dafür besonders gut) und klebe sie mit Abdeckklebeband fest. Überlege dir das Muster, skizziere es eventuell, und bemale damit die Fahne. Nur die Fahnenvorderseite bemalen. – Am schönsten ist es, gemeinsam mit Freunden und Bekannten eine Umbul-umbul-Fahne zu bemalen.
Die Fahne von der Unterlage lösen und zum Trocknen an die Luft hängen. Anschliessend die Farbe von der Rückseite her durch Bügeln fixieren. Nach dem Bügeln die Fahne bei 30 Grad, Schongang, ohne Waschmittel waschen.

1988 bedruckte Thomas Bertschi, ein freier Gestalter aus der Schweiz, in Bali für den Kongress «Planetary Partnership» zwanzig weisse Umbul-umbuls in den Farben des Regenbogens und verschiffte sie samt Bambusstangen in die Schweiz. Dies war der Anfang einer Reise in alle Himmelsrichtungen …

Luftschloss

Mit Bambusstangen verwandeln sich Tücher in Windeseile in luftige wandelbare Behausungen, die zum phantasievollen Spiel einladen.

Alte Bettücher,
Vorhänge, grössere Stoffreste
Bambusstäbe, etwa 180 cm lang
evtl. Stoffarben (zum Färben in der Waschmaschine und zum Bemalen)

Pinsel
Bügeleisen
Nähmaschine

So wird es vorbereitet:
Damit die Bambusstäbe Halt finden, nähe seitlich pro Stoffwand je einen Saum von 2–3 cm Breite. Bei grossflächigen Tüchern einen zusätzlichen Saum in der Stoffbahnmitte nähen.

So wird es gebaut:
Breite die Tücher auf der Wiese aus. Schiebe die Bambusstangen in die Säume. Steckt zu zweit die Bambusstäbe in den Boden. Reiht die Stoffwände beliebig aneinander.
Spannt ein grosses Tuch als Dach darüber, und befestigt es mit Wäscheklammern an den Seitenwänden.

Vier Schiffe bringen eine Prise Bootsbau-Faszination in die Werkstatt: der Katamaran aus Pet-Flaschen, das Floss mit dem Taschentuchsegel, die Papierjolle und das ultraleichte Spinnakerboot aus einer Kunststoffverpackung. Sägen, nageln, kleben, konstruieren, zusammenbauen und dann am Wasser ausprobieren, ob die Schiffe bei leichter Brise ihre Wassertaufe bestehen.

Floss

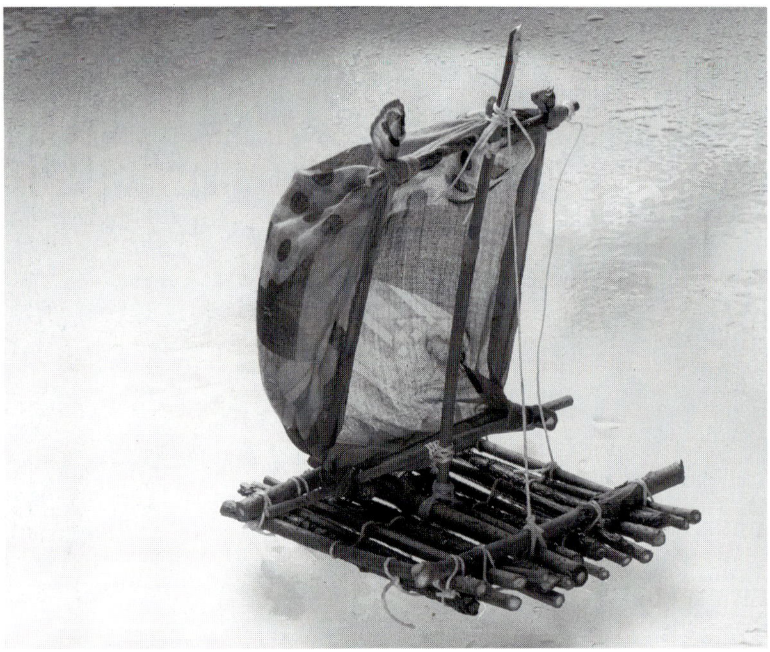

Holzästchen
(Haselstrauch, Holunder)
Schnur
Taschentuch

Taschenmesser

So wird's gemacht:
Schneide mit dem Taschenmesser etwa 15 cm lange gleich dicke Äste zu. Lege sie zu einer Breite von etwa 15 cm nebeneinander. Binde die Äste zuerst in der Mitte, dann an beiden Enden folgendermassen zusammen: Bilde mit der Schnur eine Achterschlaufe, lege den ersten Zweig hinein, kreuze die Schnur, binde sie ab, bilde die nächste Schlaufe, lege den zweiten Zweig hinein, binde ab und so fort.
Zur Versteifung des Flosses empfiehlt es sich, an den beiden gegenüberliegenden Seiten zusätzlich je einen Ast aufzulegen und mit dem Floss zu verschnüren.
Schneide einen etwa 25 cm langen Mast zu und schnitze ihn an einem Ende etwas flach. Schneide in die Querbalken des Segels in der Mitte jeweils eine kleine Mulde und binde sie am Mast fest.
Knote das Taschentuch an die Querbalken und binde es mit Schnur an den Mast.
Stecke den Mast in die Flossmitte, so dass er etwa 3 cm auf der Unterseite vorsteht. Verschnüre ihn gut mit der Flossfläche.
Hinweis: Im trockenen Zustand verliert dein Wasserfahrzeug an Stabilität. Erst im Wasser schwillt das Holz wieder auf und die Konstruktion hält.

Katamaran

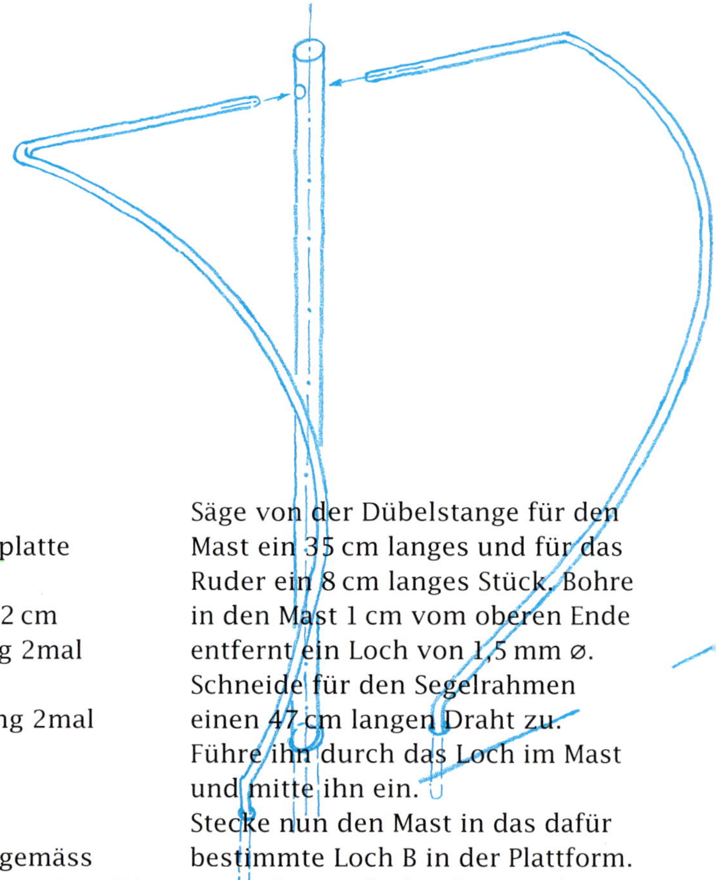

2 Pet-Flaschen (1,5 Liter)
Sperrholzplatte, 5 mm dick, 25 × 30 cm
Holzdübelstange, 10 mm ⌀, 43 cm lang
20 Nägel, 15 × 1 mm
Weissleim
Kleister
Schleifpapier
Eisendraht, 1,5 mm ⌀
Acrylfarben
Acryllack
Verbandstoff- oder Traubengaze

Laubsäge
2-mm- und 8-mm-Holzbohrer
Flachzange
Zange
Pinsel

So wird's gemacht:
Säge aus der Sperrholzplatte folgende Teile zu:
für die Plattform 25 × 12 cm
für die Querverbindung 2mal 25 × 5 cm
für die Längsverbindung 2mal 7 × 5 cm
für das Ruder 7 × 3 cm

Bohre in die Plattform gemäss Skizze die Löcher für den Mast (B) 1 cm ⌀, für die Ruderachse (C) 1 cm ⌀, für den Segelrahmen (A) 1,5 mm ⌀ und für die Reling (D) 1,5 mm ⌀.
Säge in die Querverbindungen je zwei Bogen, die mit der Rundung der Pet-Flaschen übereinstimmen. Bemale alle Holzteile und lackiere sie tags darauf. Trocknen lassen. Leime die Teile nach dem Zeichnungsschema zusammen und fixiere sie zusätzlich mit Nägeln. Bemale die Pet-Flaschen. Lege den Holzaufbau auf die Flaschen und binde ihn mit einer feinen Schnur fest.

Säge von der Dübelstange für den Mast ein 35 cm langes und für das Ruder ein 8 cm langes Stück. Bohre in den Mast 1 cm vom oberen Ende entfernt ein Loch von 1,5 mm ⌀.
Schneide für den Segelrahmen einen 47 cm langen Draht zu. Führe ihn durch das Loch im Mast und mitte ihn ein.
Stecke nun den Mast in das dafür bestimmte Loch B in der Plattform. Biege den Draht für den Segelrahmen so, dass die Drahtenden in die Löcher A gesteckt werden können. Leime den Mast und den Segelrahmen in die Löcher.
Bohre für die Ruderachse ein kleines Loch ca. 1 cm vom Ende des Stabs entfernt. Leime das Ruderblatt an das untere Ende der Ruderachse. Schiebe die Ruderachse von unten durch das vorgebohrte Loch C in der Plattform und befestige sie mit einem Nagel von Längsverbindung zu Längsverbindung. Leime ein etwa 3 cm langes Drahtstück als Ruderhebel in das vorgebohrte Löchlein.

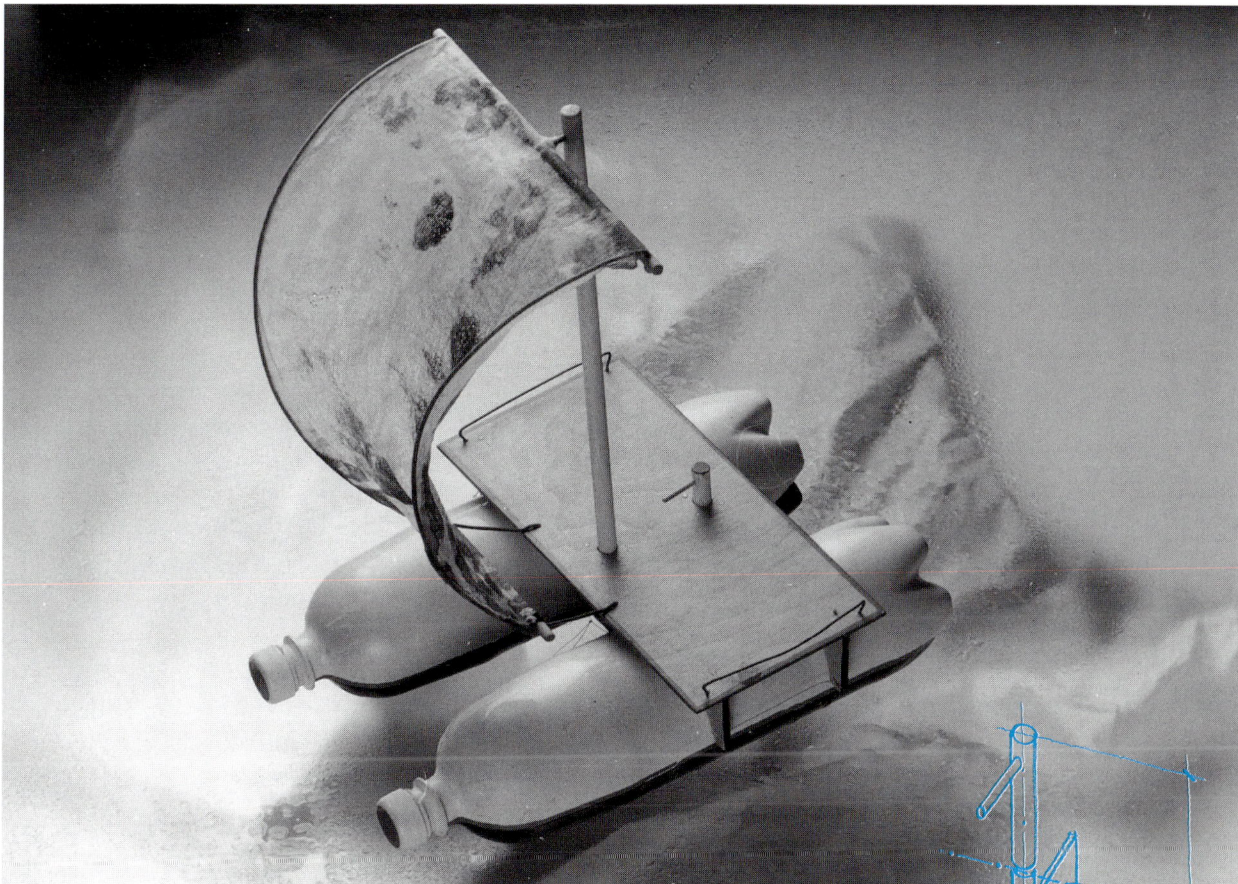

Schneide 2 Drähte, je 12,5 cm lang, für die Reling, biege sie in die dafür vorbereiteten Löcher und leime sie ein.
Das Segel wird wie die Libellenflügel mit kleistergetränkter Gaze überzogen (siehe Anleitung Seite 15).

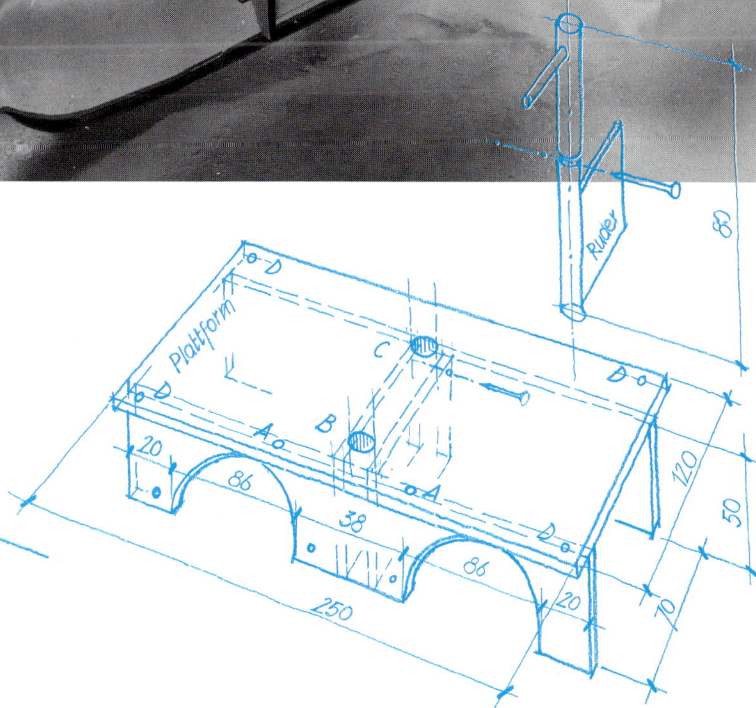

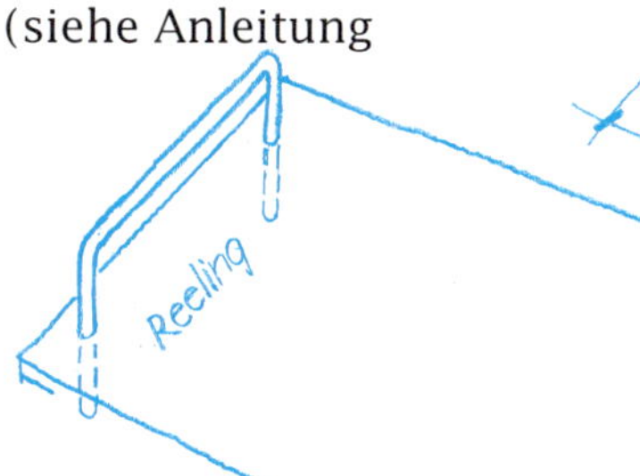

Jolle

Ovale Flusssteine
Zeitungspapier
Weissleim, Kleister
Vaseline oder
Haushaltsfolie
Abdeckklebeband
Buntpapier
Grillstäbchen
Verbandstoff- oder
Traubengaze
Acrylfarben, Acryllack
evtl. Leinöl

Kleisterpinsel
Farbpinsel

So wird's gemacht:
Kleister: 5 Joghurtbecher kaltes Wasser mit 1 Becher Kleister mischen, glattrühren und anschliessend 1 Becher Weissleim darunterziehen. Über Nacht stehen lassen.
Bestreiche die gerundete obere Hälfte eines Steins mit Vaseline oder überziehe sie mit Haushaltsfolie; klebe die Folie am Rand mit Klebband fest.
Reisse das Zeitungspapier in etwa 2 cm breite Streifen. Tauche die Papierstreifen in Kleister und trage sie regelmässig überlappend auf. (Ungenauigkeiten wirken sich später auf die Balance auf dem Wasser aus!) Klebe abwechselnd eine Schicht längs, die nächste quer. Nach 5 Schichten den Bootskörper trocknen lassen. Insgesamt 16 bis 18 Schichten aufkleben.
Ebenfalls aus übereinandergeschichtetem kleistergetränktem Zeitungspapier den Kiel formen.
Ist der Bootskörper gut durchgetrocknet in der Bugmitte den Kiel mit Weissleim festkleben. Trocknen lassen.
Nun als optimale Unterlage für die nachfolgende Bemalung das ganze Boot mit einer letzten Schicht aus Seidenpapier überziehen.
Wenn man es nicht stundenlang im Wasser lässt, genügt es, das Schiff mit Acrylfarben zu bemalen und zu lackieren. Sonst kann man es auch noch mit Leinöl bestreichen und bei 70 Grad im Backofen härten (wasserdicht machen).
Das Segel wird wie die Libellenflügel Seite 15 mit kleistergetränkter Gaze überzogen und am Mast befestigt.
Als feste Verankerung für den Segelmast wird aus eingekleisterten Papierstreifen eine satt ins Boot passende kompakte Bank geformt. Wiederum trocknen lassen und dann mit Weissleim einkleben. Vorher aber den Gleichgewichtspunkt feststellen! Sonst kippt das Schiff ins Wasser.
Für den Segelmast ein Loch in die Bank bohren und den Mast hineinstecken, aber nicht einleimen. Bleibt er nämlich beweglich, kannst du das Segel mit einem starken Faden mit etwas Spiel an der Schiffsspitze und am Heck befestigen. So kann sich der Wind besser im Segel verfangen.
Schmücke die Mastspitze mit einem Wimpel!

Ultraleichtes Spinnakerboot

So wird's gemacht:
Den Stoff doppelt gelegt an der Kante zusammennähen; dabei eine Öffnung von 7 mm Breite für den für den Mast vorgesehenen Tunnel lassen. Den Tunnel durch beide Stofflagen nähen. Aus Stoffresten kannst du Wimpel nähen.
Nähe an die vier Ecken des Spinnakers und oben in die Mitte des Segels je eine Metallöse. Durch diese wird später die Kordel gezogen. An der oberen Segelkante wird zusätzlich ein Draht durch die Ösen geführt, um das Segel halbrund zu formen.
Schneide mit dem Cutter die Plastikschale in der Mitte und am Heck kreuzweise ein. Am Heck wird ein kurzer Rundstab eingesteckt; er dient als Halterung der Kordeln.
Stecke den Mast in das vordere Loch und fixiere ihn von unten mit dem Korken. Schiebe das Segel auf den Mast, führe die Kordel durch die Ösen und binde sie am Rundstab fest.

2 Stücke Baumwollstoff, 28 × 21 cm
Metallösen (Mercerie, Kurzwaren)
1 m Kordel
beschichteter Elektrikerdraht
Dübelstange, 5 mm ⌀, 32 cm lang
Korkzapfen
Kunststoffverpackungsschale (z.B. von Aperitifgebäck)

Nähzeug
Nähmaschine
Cutter

Maienpfeifchen

Der alte Brauch, im Frühjahr Rindenflöten zu schnitzen, ist etwas in Vergessenheit geraten. Wenn im Mai die Vögel um die Wette trillern, steigt in Bäumen und Sträuchern der Saft. In dieser Zeit eignen sich besonders Eschen- und Weidentriebe zum Flötenschnitzen. Wer weiss, vielleicht wird es zur alljährlichen Tradition, bei den ersten warmen Frühlingslüften im Wald Maienpfeifchen zu schnitzen …

Eschen- oder Weidentriebe

scharf schneidendes Taschenmesser

1

2

So wird's gemacht

1, 2 Suche dir eine glatte, narbenfreie Eschenrute oder einen Seitentrieb. Zwischen zwei Knospenständen findest du ein etwa fingerdickes, gerades, astloses Stück von 10–15 cm Länge. Schneide knapp unterhalb der Knospen die Seitentriebe sauber durch.

3, 4 Am dünneren Rutenende machst du einen Schrägschnitt für das Mundstück.

Wichtig: Führe das Messer beim Schnitzen immer von dir weg!

3

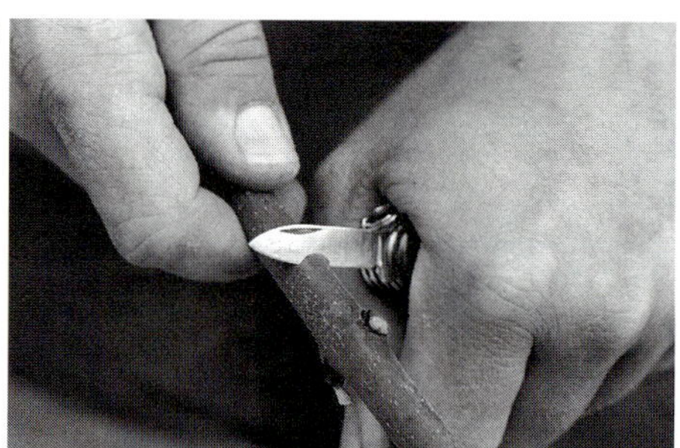

4

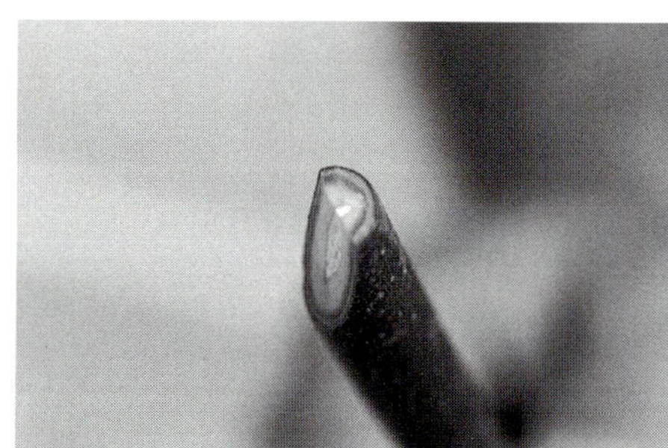

5

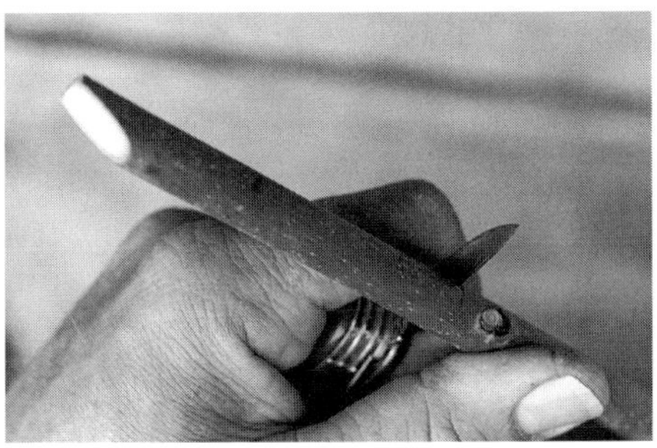

6

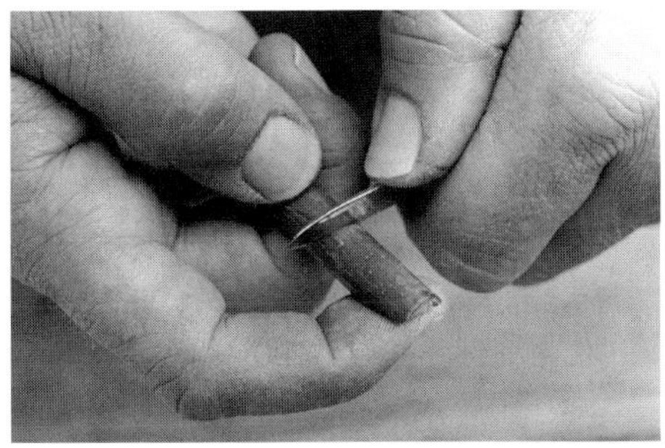

5 Schneide die Rinde oberhalb des nächsten Knospenstandes rundum durch.
6 Markiere das Labium, das Luftloch, auf der Gegenseite knapp 2 cm unterhalb des Schrägschnitts mit einem kurzen Querschnitt.
7, 8 Mit der Rundkante des Taschenmessers klopfe und reibe die Rinde sanft auf allen Seiten; sie darf nicht verletzt werden! Dabei tritt am Ende etwas Saft aus. In dieser Weise wird die Rinde vom Kernholz gelöst. Versuche sie nun vorsichtig drehend vom Holz zu lösen.

7

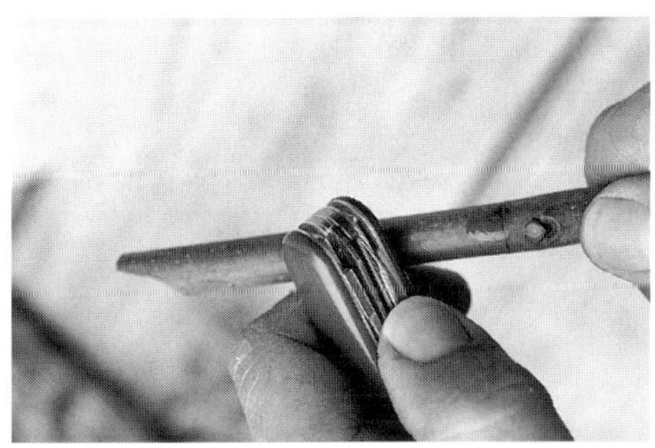

8

9
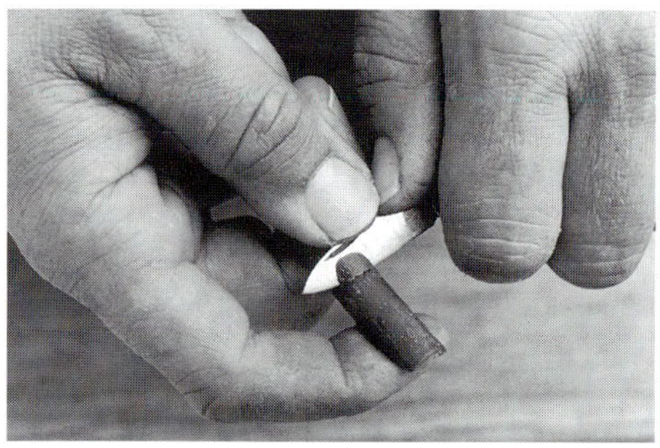

10
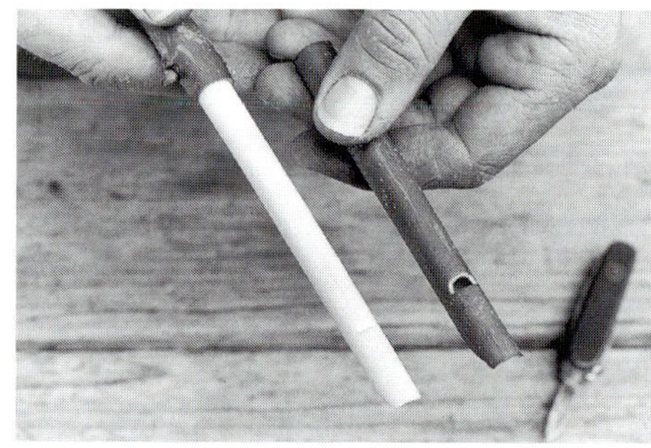

11
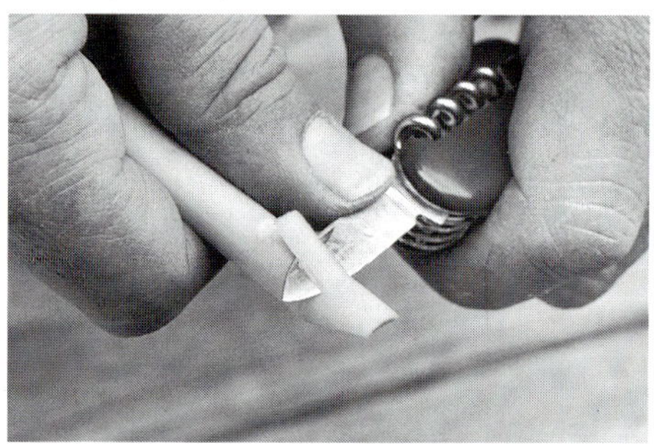

12
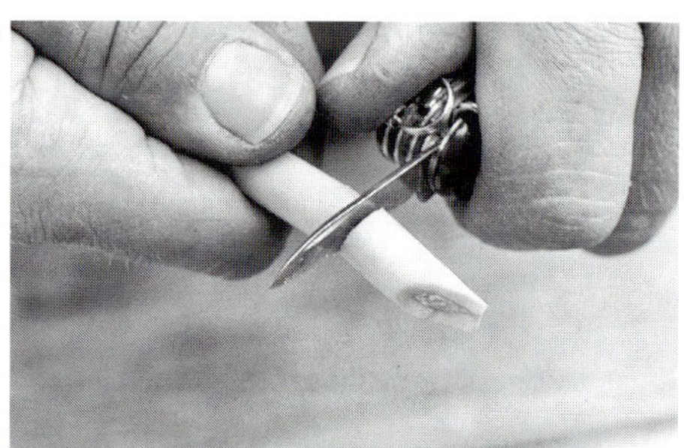

9 Bringe die Rinde wieder in die ursprüngliche Position.
Schneide dann mit einem flachen, scharfen etwa 1 mm tiefen Schnitt einen Span für das Luftloch weg.
10 Lege nun die Rindenhülse beiseite.
11 Schneide von der bereits geschnitzten Kerbe aus Richtung Mundstück den Luftkanal.
12 Durchschneide das Kernholz am unteren Ende des Schnitts. (Das Kernholz darf nichts an Feuchtigkeit einbüssen; diese «leimt» später Mundstück und Rindenhülse zusammen.)

13

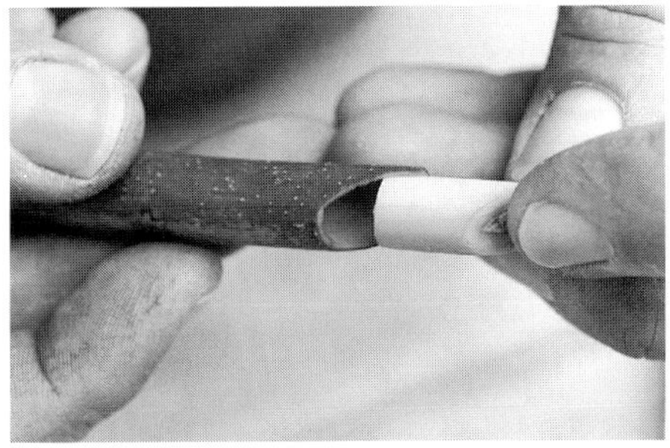

14

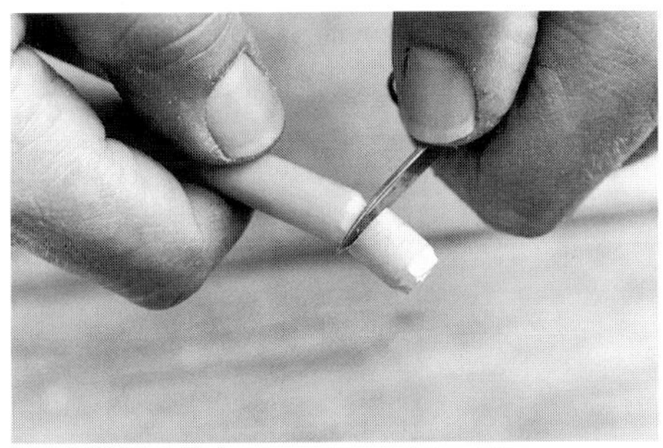

13 Setze das abgeschnittene Kernholz, das Mundstück, in die Rindenhülse.
14 Verkürze den restlichen Kernholzteil um etwa 1½ cm, damit er als Tonschieber das Blasloch von innen nicht verschliesst.
15 Stecke nun den Tonschieber von unten in die Rindenhülse. Mache die ersten Blasversuche, vielleicht tönt deine Pfeife bereits. Wenn kein Ton erklingt, vergrössere das Blasloch vorsichtig ein wenig.
Beim Herausziehen des Tonschiebers wird der Ton tiefer, beim Hineinschieben heller.
Zum Trocknen entferne den Tonschieber, sonst verklebt er sich mit der Rinde.

15

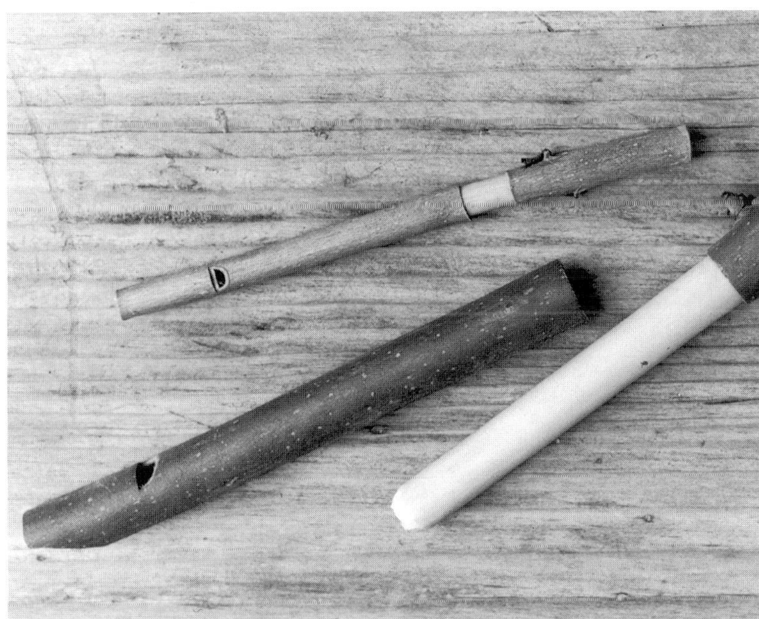

Tonpfeife

Eine ganz andere Flötenvariante entsteht aus dem weichen Tonmaterial. Von Hand wird ein Vogel geformt, dann ausgehöhlt, mit einem Luftschacht versehen und wieder zusammengesetzt. Wenn sich dann beim Blasen erfolgreich der erste Ton formt, kann das Flötchen gestimmt werden: mit gebohrten Löchern wird es zur Okarina weiter ausgebaut.

Ton (Bodmerton)

Tonschneidedraht
Modellierschlinge
schmaler Spachtel
oder Nagelfeile
feine Ahle oder
Stricknadel
Trinkhalm
Gefässe für Wasser
und Schlick

1

2

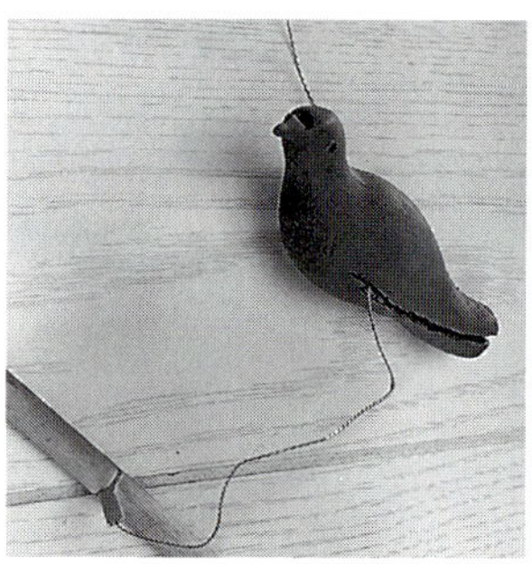

3

4

So wird's gemacht:

1 Klopfe zunächst das abgeschnittene Tonstück gründlich durch. Bei der Gestaltung des Vogels muss der Schwanz so geformt sein, dass er den Luftkanal aufnehmen kann. Bauchig geformte Körper ergeben vollere Töne.

2 Durchschneide den Vogel in der Längsrichtung.

3 Höhle den Körper mit der Modellierschlaufe gleichmässig bis auf eine Wandstärke von etwa 3 mm aus. Bei kleineren Objekten muss der Kopf nicht ausgehöhlt werden.

4 Forme vom Schwanzende zur Bauchhöhle mit Nadel oder Messerspitze den Luftkanal ca. 5 mm breit und 2,5 mm tief. Mit einer Nagelfeile oder einem ähnlichen Instrument streiche die Luftrinne gründlich aus.

5 Ritze die Ränder kreuz und quer ein.
6 Bestreiche die Ränder gleichmässig mit Tonschlick (Ton mit wenig Wasser breiig angerührt).
7 Setze die Teile zusammen und verstreiche die Fuge aussen mit Ton.
Nach etwa 1½ Stunden Trocknungszeit wird das Labium, das Luftfenster, geformt. Stecke durch den Luftkanal ein passendes Hölzchen. Bilde mit einem gleich breiten Hölzchen die Fensteröffnung und drücke von dort aus schräg bis aufs Hölzchen. Forme die untere Kante des Luftfensters scharf aus. Blase und forme, bis der erste Ton erklingt.
8 Mit einem Trinkhalm kannst du glatte runde Löcher ausstechen. Die ausgestochene Tonmasse bleibt im Halm hängen.
9 Mit einem spitzen Gegenstand, wie Nagel, Pinselstiel, Kamm, kann man der Aussenseite der Flöte Struktur geben.
Mit einem Rohbrand, allenfalls bemalt mit Engobe oder Unterglasurfarbe, wird das Instrument fertiggestellt.

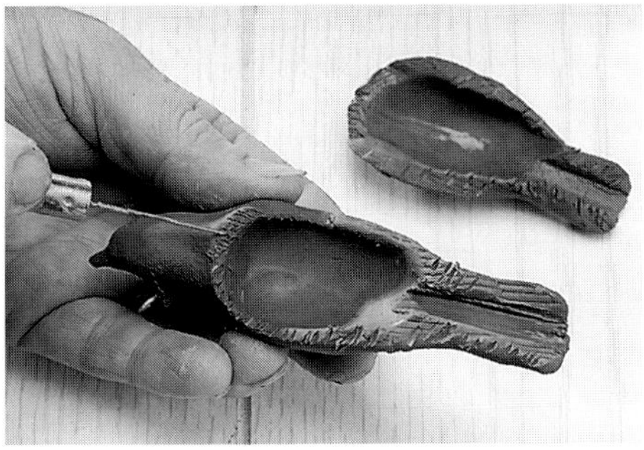
5

6

7

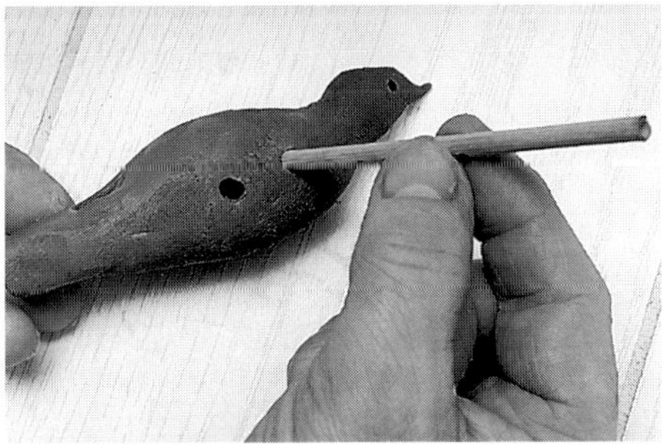
8

9

Windgeräusche

Für Klangforscher und -forscherinnen: Materialien suchen, die klingen, sie in den Wind hängen und von ihm bewegen lassen. Klangkulissen bauen, Beobachtungen anstellen, Geräusche testen, weitersuchen, sortieren, kombinieren, verfeinern …

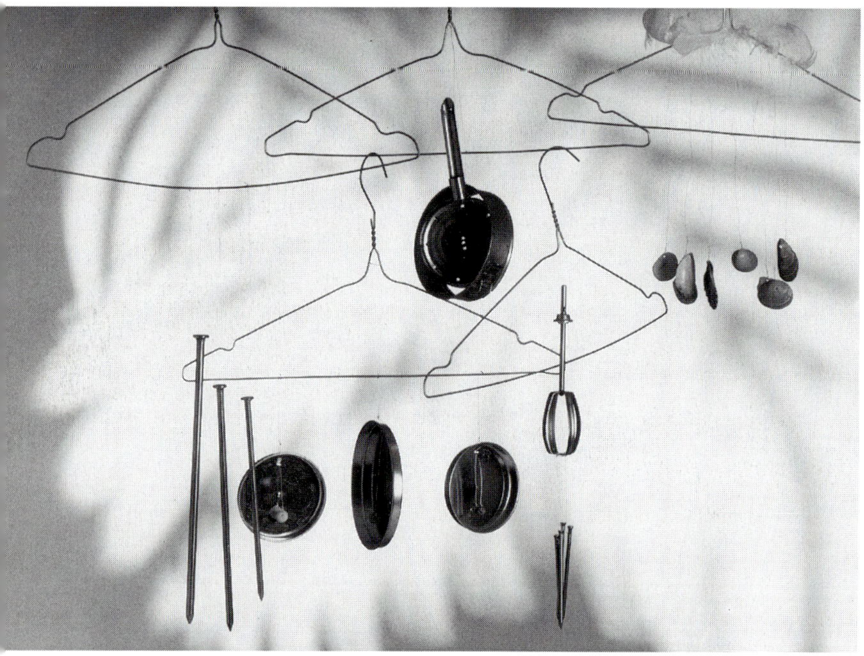

So wird's gemacht:
Das Blechmaterial wird mit einer Ahle perforiert, Muscheln, Hölzchen oder ähnliches mit einem kleinen Handbohrer. Hänge alles mit verknüpften Schlaufen versehen auf, so kannst du es jederzeit aussortieren, umhängen, verändern.

Muscheln, Steine, Holzstäbe usw.
Metalldeckel, Nägel, Rührbesen, alte Reste und Utensilien aus Küche, Werkzeugkasten, Fahrradzubehör usw.
Nylonschnur (Fischernylon, Silk)
Drahtkleiderbügel o. ä.

Blech- und Drahtschere
Schere
Flachzange
Ahle

Knalleffekte mit Luftballons

Mit spitzer Nadel drauflos!

Schwirrholz und Lochsirene

Schwirrhölzer sind bei vielen Naturvölkern verbreitet. In Australien, vielen Teilen Afrikas, auf Borneo, in Nord- und Mittelamerika werden sie benutzt, um Geisterstimmen zu erzeugen. In Südamerika gehört das Schwirrholz zur Ausrüstung des Medizinmannes. In Zentralaustralien gilt das Schwirrholz, das Galaguru, das einen sirrenden Ton erzeugt, als das Urwerkzeug Dajamars, des grossen Kulturschöpfers.

Material Schwirrholz:
Sperrholzplatte, ca. 8 mm dick, bis 35 cm lang, ca. 5 cm breit
starke doppelt gezwirnte Hanfschnur
Holzkugel, 4 cm ⌀, mit Bohrung
Holzperle, etwas grösser als die Bohrung der Holzkugel

Material Lochsirene:
Sperrholzplatte, ca. 5 mm dick, mindestens 15 × 15 cm
1 Dübelstange, 10 mm ⌀, ca. 20 cm lang
doppelt gezwirnte Schnur oder dickere Nylonschnur (Fischernylon, Silk)

5-mm- und 8-mm-Bohrer (Schwirrholz)
3-mm- und 5-mm-Bohrer (Lochsirene)
Handsäge
Laubsäge
mittleres Schleifpapier
Pinsel
Acrylfarbe
Acryllack

So wird das Schwirrholz gemacht:
Säge aus dem Sperrholz ein 3–5 cm breites und ca. 20 cm langes Brettchen zu. Schleife die Kanten. Bohre an der einen Schmalseite nicht ganz in der Mitte des Brettchens ein Loch für die Schnur.
Bohre zusätzlich Löcher, um den Ton zu verstärken.
Knüpfe die Schnur zwischen Brettchen und Kugel (die Kugel dient als Griff).

So wird die Lochsirene gemacht:
Säge eine kreisrunde Scheibe von 10 cm ⌀. Schleife die Kanten.
Bohre links und rechts des Zentrums zwei Löcher von 3 mm ⌀ für die Schnüre. Auf den Kreis verteilt bohre einige 5-mm-Löcher.
Säge aus der Dübelstange zwei Griffe. Bohre für die Schnüre 2 Löcher von 3 mm ⌀. Ziehe Scheibe und Griffe auf eine 80 cm lange Schnur, und verknüpfe diese gut auf der einen Griffseite.
Bemale und lackiere das Holz.

Das Schwirrholz wird immer im Freien an einer etwa 90 cm langen Schnur mit ausgestrecktem Arm durch die Luft geschwungen.
Die Lochsirene, eine kreisrunde Scheibe, wird als tönendes Spielzeug zwischen beiden Händen an den Schnüren ausgestreckt, dann aufgedreht, leicht entspannt, weitergedreht und so fort. Die drehende Scheibe beginnt zu surren. Einen ähnlichen Effekt erzeugt anstelle der Scheibe auch ein grosser Knopf.

Tönende Vogelscheuche

Die Vogelscheuche ist eine Lärmmaschine. Durch einen vom Wind angetriebenen Rotor schlagen mehrere Klöppel auf einen Resonanzkörper. Dieser besteht aus einem dicken Bambusrohr. In ihrer Grundkonstruktion hat diese Lärmmaschine Ähnlichkeit mit dem Sperrholzwindrad (Seite 48) oder dem Backförmchen-Windrad (Seite 46): die Hauptelemente sind der Rotor, der Tragbalken und das Seitenruder. Befestigt wird das Rad auf einem Pfosten.

So wird's gemacht:
Formen und Masse gemäss Skizzen Seite 92 und 93.

Säge für die Schaufeln zwei Kreisscheiben von 11,5 mm ⌀ aus dem 1,5 mm dicken Sperrholz zu. Säge aus dem Rundstab die zwei 20 cm langen Speichen. Klebe Schaufeln und Speichen gemäss Skizze zusammen. Fixiere die Klebstellen mit feinen Nägeln (diese werden später wieder entfernt).
Bohre für die Nabe in die 35-mm-Holzkugel im rechten Winkel zum bereits bestehenden Loch ein durchgehendes Loch von 5 mm ⌀. Stecke die beiden Speichen mit den Schaufeln in die Nabe und klebe sie provisorisch.
Säge vom Rundstab ein 65 cm langes Stück für die Achse. Füge die Achse in die Nabe des Rotors und klebe beide Teile zusammen.
Säge aus dem 2,5 mm dicken Sperrholz die drei Klöppel. Bohre die Löcher und montiere die Klöppel mit Schrauben und Dübelstangenabschnitten zusammen.
Säge aus dem 40-mm-Bambusrohr den Resonanzkörper, und zwar ein etwa 53 cm langes Stück zwischen zwei Wachstumsknoten. Markiere auf dem Resonanzkörper die Positionen für die vier dünnen Bambusstäbe A, B, C, D: die äusseren Punkte A und D liegen je 4 cm vom Rand; für die beiden inneren B und C wird die verbleibende Länge des Rohrs in drei gleich grosse Abschnitte (ca. 15 cm) unterteilt. In der Mitte jedes der drei Abschnitte wird eine Öffnung von 2 × 3 cm markiert; diese liegen etwas unterhalb des Scheitels des Rohrs. Nun kannst du die Löcher bohren, sägen, feilen und fein schleifen.
Säge aus dem übriggebliebenen 40-mm-Bambusrohr drei Klangplatten von 2,5 × 12 cm und die dazugehörenden kleinen Distanzplatten.
Bohre in die Teile Löcher von 2,5 mm ⌀, und nagle sie an-

Bambusrohr, 40 mm ⌀, 1 m lang
Bambusrohr, 15 mm ⌀, 1 m lang
Bambusrohr, 7 mm ⌀, 1 m lang
Rundstab (Buchendübelstange), 5 mm ⌀, 1 m lang
2 Holzkugeln, 40 mm ⌀, mit Bohrung 6 mm ⌀
Holzkugel, 35 mm ⌀, mit Bohrung 6 mm ⌀
Birkensperrholz (Flugzeugsperrholz), 1,5 mm dick, 30 × 75 cm
Birkensperrholz, 2,5 mm dick, 10 × 75 cm
3 Schrauben, M3 × 15 mm
6 Muttern, M3 × 15 mm
6 Nägel, 25 × 2 mm
4 Nägel, 10 × 1 mm
Epoxyd-Zweikomponentenkleber
Acrylfarbe
Acryllack
Holzpfahl oder -stab

Holzsäge mit feiner Zahnung
Stichsäge
Laubsäge
3,5-mm-, 5-mm-, 7-mm- und 15-mm-Holzbohrer
Feile
Schleifpapier mit grober, mittlerer und feiner Körnung
Flachzange
Beisszange
Schraubenzieher
Hammer
Pinsel

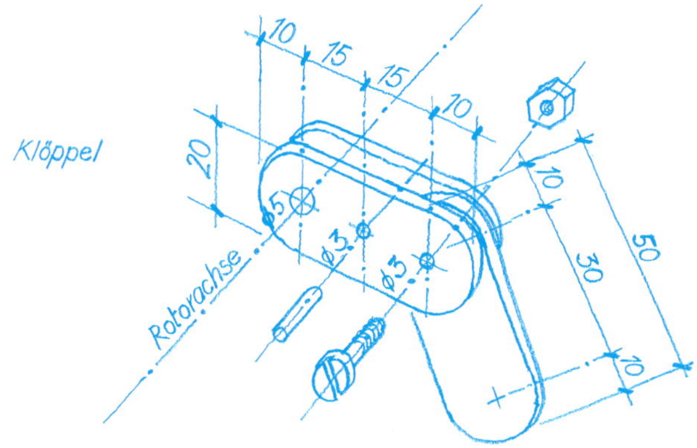

schliessend auf den Resonanzkörper. Schlage die Nägel nur soweit ein, dass die Klangplatten halten und trotzdem beweglich bleiben.
Für die Achsführungen säge aus dem 7-mm-Bambusrohr die Teile A und D in einer Länge von je 12 cm und aus dem 15-mm-Bambusrohr die Teile B und C mit Längen von 14 und 20 cm. In die Achsführungen werden ca. 2 cm vom einen Ende entfernt Löcher von 7 mm ⌀ gebohrt.
Bohre nun noch in die beiden 40-mm-Holzkugeln im rechten Winkel zum bereits bestehenden Loch ein weiteres Loch. Setze die Holzkugeln auf die Achsführungen A und D; halte dabei den Durchgang für die Achse frei. Verklebe die Teile.
Stecke die Achsführungen A, B, C und D durch den Resonanzkörper. Fixiere ihre Lage provisorisch mit Klebeband. Stosse die Rotorachse durch die Achsführungen und verbinde zugleich auch die Rotorachse mit den Klöppeln. Drehe die Rotorachse und beobachte die auf die Klangplatte fallenden Klöppel. Justiere die Teile, bis der Gang der Maschine und der Ton in Ordnung sind. Verklebe nun alles definitiv.

Wähle ein grosses Motiv für das Seitenruder. Säge es aus 1,5 mm dickem Sperrholz zu und bemale es.
Mache in ein 4 cm langes Stück Bambusrohr von 7 mm ⌀ oben einen Schlitz von ca. 10 mm Tiefe und 1,5 mm Breite. Stecke das Motiv hinein und klebe es fest. Das Ganze wird auf die Achsführung D gesteckt.

Schlage den Pfahl in den Boden. Bohre von oben etwa 30 mm tief und im Durchmesser etwas grösser als die Achsführung B ein Loch. Feile und schleife das Loch gründlich, damit im Lager zwischen Windrad und Pfahl keine Reibung entsteht.

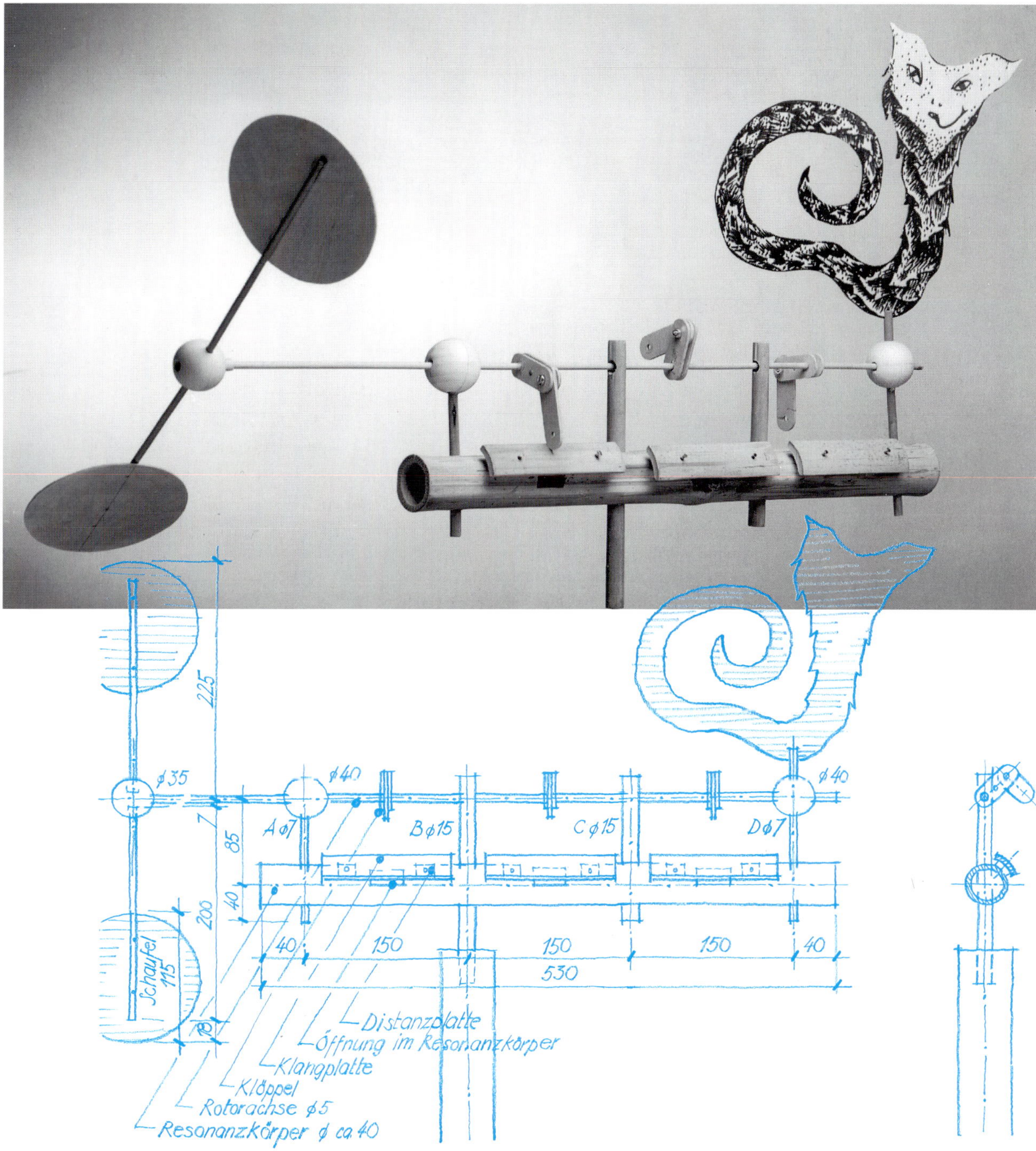
225
ϕ 35
ϕ 40
ϕ 40
A ϕ7
B ϕ15
C ϕ15
D ϕ7
85
40
200
Schaufel 115
40
150
150
150
40
530
Distanzplatte
Öffnung im Resonanzkörper
Klangplatte
Klöppel
Rotorachse ϕ5
Resonanzkörper ϕ ca. 40

Sandblasen

Spielen wir wie der Wind am Strand mit dem Sand! Er zeichnet einmalig schöne Formen, Linien, Verläufe in die Dünen. Aneinandergefügte geblasene Landschaften, Strukturen und Bilder ergeben eine delikate Dekoration. An einem ruhigen Ort warten sie auf weitere Veränderungen.

Feiner Sand von Strand, Fluss, See
flache Unterlage mit Rand (Tablett)
Strohhalme, Trinkhalme, feiner Gummischlauch (Fahrradventil)
Plastikrohre

So wird's gemacht:
Streue den feinen Sand auf die Unterlage. Mit verschiedenen Trinkhalmen oder Röhrchen blase aus unterschiedlicher Distanz steiler oder flacher Muster hinein.

Federnblasen

Frau Holle spielen! In die Luft geworfene zarte Federchen, Seiden- und Stanniolpapierchen sollen so lange wie möglich schweben.
Um einen zarten Luftstrom zu erzeugen, eignen sich Trinkhalme, Plastikschläuche, der Blasbalg vom Kamin, vielleicht die Fahrradpumpe.

Luft trägt Düfte

Wohlriechende und stinkende Düfte erreichen uns unsichtbar durch die Luft.
Schon im 3. Jahrtausend vor Christus wurden aus wohlriechenden Holzsorten, wie Zeder, Zypresse und Myrte, ölige und wässrige Essenzen gewonnen. Die ägyptische Kunst der Parfümerie war im Altertum berühmt. Alle Parfüme waren auf pflanzlicher Basis hergestellt und bestanden aus bis zu sechzehn Ingredienzien: Wurzeln, Blüten oder Blätter von Henna, Zimt, Iris, Lilie, Bittermandel, Majo-

**Küchengewürze, Wildkräuter, Teekräuter, Duftöle usw.
Dosen, Fläschchen, verschliessbare Behältnisse**

So wird's gemacht:
Suche verschiedenartige «Gerüche» und verpacke sie in gut verschliessbare Behältnisse.
Jetzt kannst du die Nasen deiner Mitmenschen prüfen!

ran, Myrte, Rose, Harze verschiedener Kiefern usw. In Indien musste jeder Gebildete, ob Mann oder Frau, die sogenannten «64 Künste» beherrschen, zu denen auch die Herstellung von Parfüm gehörte. Es wurden sogar schon Pillen gegen Mundgeruch im Handel angeboten, die aus Kampfer, Safran, Moschus oder Gewürznelke bestanden. Räucherstäbchen aus Harz, Sandelholz, Kampfer oder Myrrhe verbrannte man in Räucherpfannen, um Luft und Kleidung zu parfümieren.

Luft trocknet

Die Luft besitzt die Eigenschaft, Feuchtigkeit in sich aufzunehmen. Bei einer Übersättigung und Abkühlung entlädt sie das aufgenommene Wasser – es regnet.
Heisse Winde trocknen ganze Landstriche aus. Warme Frühlingswinde wecken die Natur, warme Luft trocknet nasses Haar (Fön), und die an der frischen Luft flatternde Wäsche ist im Nu trocken und duftet himmlisch. Mache das Experiment und trockne zum Beispiel die eigenen Apfelschnitze, Aprikosenhälften, Traubenbeeren.

Kräuter
Früchte (Äpfel, Aprikosen, Trauben)
Zitronensaft (für Apfelschnitze)
Bohnen
Packpapier

Sieb oder Dämpfeinsatz
starker Faden

So wird's gemacht:
An einem schattigen, gut durchlüfteten, warmen Ort, z. B. auf dem Estrich, trocknen frisch gepflückte Kräuter auf Packpapier, das auf ein Sieb oder eine andere durchbrochene Unterlage gelegt wird, schon in wenigen Tagen und behalten so ihre spezifischen Düfte ohne grosse Einbusse.
Auf einen Faden aufgereiht und von allen Seiten gut umlüftet aufgehängt, kannst du auch selbst Trockenfrüchte oder Dörrbohnen herstellen. Apfelschnitze bleiben schön weiss, wenn du sie zuvor mit Zitronensaft beträufelst.
Bohnen müssen zuerst im sprudelnden Wasser 2–3 Minuten aufgekocht und dann kalt abgeschreckt werden. Wenn sie abgetropft sind, ziehst du sie auf einen starken Faden.

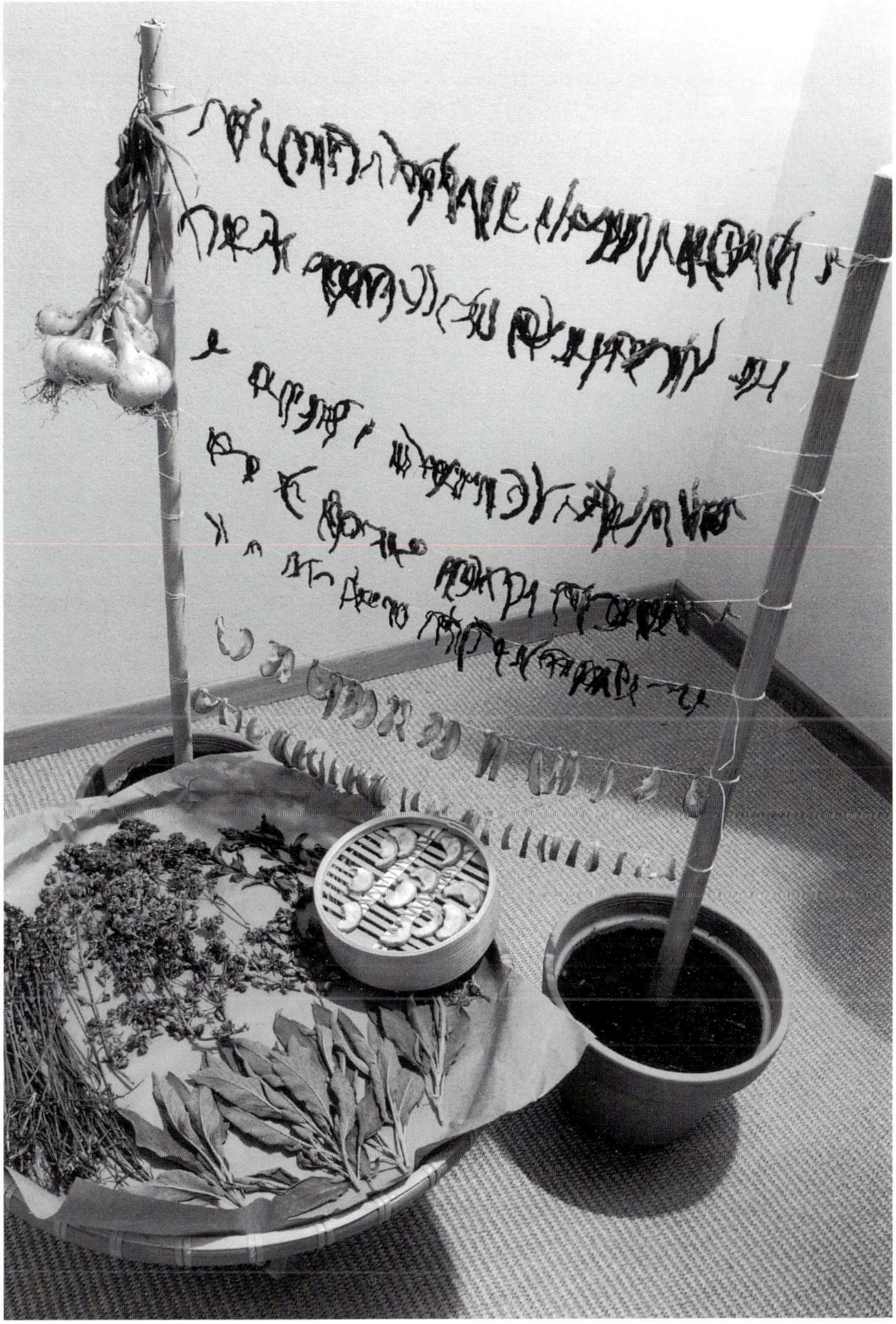

Windskala

Windstärke in Beaufort		Geschw. in m/sec	Auswirkungen auf Land/auf See
0	Windstille	0–0,2	spiegelglatter See, Rauch steigt gerade auf
1	leichter Zug	0,3–1,5	Windrichtung nur an Rauch erkennbar
2	leichte Brise	1,6–3,3	Wind im Gesicht fühlbar, kurze kleine Wellen
3	schwache Brise	3,4–5,4	bewegte Blätter, Wasserkämme brechen, glasiger Schaum
4	mässige Brise	5,5–7,9	kleine Wellen, weisse Schaumköpfe
5	frische Brise	8,0–10,7	kleine Bäume schwanken, lange Wellen mit Schaumkämmen
6	starker Wind	10,8–13,8	Pfeifen an Drahtleitungen
7	steifer Wind	13,9–17,1	Hemmung beim Gehen, See türmt sich
8	stürmischer Wind	17,2–20,7	Zweige brechen, bis 7 m hohe Wellenberge
9	Sturm	20,8–24,4	kleinere Schäden an Dächern, Rollen der See, Gischt verweht
10	schwerer Sturm	24,5–28,4	entwurzelt Bäume, sehr hohe Wellenberge
11	orkanartiger Sturm	28,5–32,5	schwerste Sturmschäden
12	Orkan	über 32,7	Luft mit Schaum und Gischt angefüllt

In neuerer Zeit wurden weitere Stufen bis 17 (mehr als 56 m/sec) angefügt.

Namen

Luft hat verschiedene Namen: Luft, Hauch, Äther, Atmosphäre, Atem, Puste, Durchzug, Sturm, Wind, Dunst, Ozon, Luftkreis, Dunstkreis, das Freie, Luftleere, Luftdruck, Nichts, Leere, Hohlraum, Himmel, Duft.

Redensarten und Sprichwörter

Ich mache mir Luft, er schnappt nach Luft, ich bekomme keine Luft, die Luft geht uns aus, es verschlägt dir den Atem. Hier ist dicke Luft, die Luft ist rein, etwas liegt in der Luft. Sie hat von einer Sache Wind bekommen, ich bin aus allen Wolken gefallen, wir blasen ins gleiche Horn, er lebt von Luft und Liebe. Er ist ein aufgeblasener Kerl, das ist aus der Luft gegriffen, sie sind in alle Winde zerstreut. Das ist eine windige Person. Das ist Wind für seine Segel – wir haben ihm den Wind aus den Segeln genommen. Er lügt das Blaue vom Himmel herunter, sie benimmt sich wie ein Windspiel, ich habe Wind im Rücken gehabt, ich schwebe in den Wolken, wir bauen zusammen Luftschlösser, wir nehmen ein Luftbad, du hast die Fahne in den Wind gehängt, mit wehenden Fahnen untergehen. Wir mussten Dampf ablassen, schlechte Nachrichten haben meistens Flügel, geistige Höhenflüge machen, sie schlagen die Warnung in den Wind, fliege nicht, bis dir die Flügel gewachsen sind …

Erzählungen

Wind, Sand und Sterne von Antoine de Saint-Exupéry
Der Sonnengsang des Franz von Assisi
Das Windrad von Peter Härtling
Don Quichotte (Der Kampf gegen die Windmühlen) von Miguel de Cervantes

Gedichte

Waldlied von Gottfried Keller
Vorfrühling von Hugo von Hofmannsthal
An den Äther von Friedrich Hölderlin
Mövenflug von C.F. Meyer
Zwei Segel von C.F. Meyer

Sagen und Legenden

Ikarus
Pegasus
Die Wetterhexen

Märchen

Der Schmetterling von Hans Christian Andersen
Die wilden Schwäne von Hans Christian Andersen
Die drei Federn der Gebrüder Grimm
Der goldene Vogel der Gebrüder Grimm
Kalif Storch von Wilhelm Hauff
Der fliegende Teppich aus Tausendundeiner Nacht

Biblische Geschichten
Die Stillung des Seesturms
Himmelfahrt
Pfingstfest
Die Wolkensäule (Altes Testament)

Musik
Antonio Vivaldi, *Herbst* aus den *Vier Jahreszeiten*
Winfield, Windharfe
George Zamphir, Panflöte
Frans Brüggen, Blockflötenmusik
Schantiprem, Musik zum Element Luft
Silverbird (Indianer), *The world in our eyes*

Adressen
Mingus AG, Musik-Vertrieb, Asylstr. 11, CH-8032 Zürich
Aquarius Verlag, Carl-Benzstr. 10, D-82205 Gilching
Weisser Lotus, Ernsting 30–32, A-5121 Ostermiething

Die Luft ist der Inbegriff des Beweglichen.
Die Atembewegung gehört zum Grundrythmus unseres Körpers.
Wir nehmen Sauerstoff auf und stossen ihn verbraucht wieder aus,
Tag und Nacht, ohne Unterbruch.
Goethe sagte: «Die frische Luft des freien Feldes ist der eigentliche Ort, wo wir hingehören. Es ist, als ob der Geist Gottes dort den Menschen unmittelbar anwehte und eine göttliche Kraft ihren Einfluss ausübte.»

Werkbücher von Ursula Müller-Hiestand im AT Verlag

Erde, Wasser, Feuer, Luft

Mit Kindern die vier Elemente erfahren

Ein Werkbuch, das die vier Elemente im Experimentieren und Spielen sinnlich erlebbar und erfahrbar macht. Mit zahlreichen Vorschlägen zum Herstellen von einfachen und sinnvollen Gebrauchsgegenständen.

Papiermaché

Wie aus den einfachen Werkstoffen Papier und Kleister die vielfältigsten, phantasievollsten Gegenstände entstehen, zeigt dieses Werkbuch: von Tellern, Töpfen und Schalen über Masken und Handpuppenköpfe bis zu filigranem Schmuck.

Feste und Feiern im Jahreskreis

Mit Kindern werken, gestalten und erleben

Dieses Buch zeigt, wie man in der Familie und mit Kindern altes Brauchtum neu beleben und mit Sinn füllen kann. Es regt auf vielfältige Weise an, den ganzen Jahreskreis mit seinen Festen bewusster zu erleben und zu gestalten. Mit einer Fülle von Ideen, Rezepten und Werkanleitungen.

Verwandlungen

Mit Kindern verkleiden, maskieren, schminken

In Zusammenarbeit mit J. und G. Vogel-Teepe

Eine Fülle von Verwandlungsideen mit Verkleidungen, Maskierungen und Schminke: Rollenspiele, Tier- und Naturfiguren, Verwandlung mit Haaren, Hüten, Schminke und Masken, Handfiguren, Fussschmuck, Stoffdraperien und vieles mehr. Alle Vorschläge lassen sich mit einfachsten Techniken und ohne komplizierte Vorarbeiten umsetzen.

Blüten, Blätter, Düfte

Pflanzenschmuck gestalten und arrangieren

In Zusammenarbeit mit Alessandra Marocco-Senften

Der ganze Reichtum von Blüten, Blättern und Düften ist in diesem Buch in einer Vielfalt von Sträussen, Arrangements, Kränzen, Tisch- und Platzdekorationen eingefangen. Alle Gestaltungen lassen sich auch ohne besondere Fachkenntnisse umsetzen. Mit genauen Materialangaben, fotografierten Arbeitsabläufen, Tips und Informationen.